INCANSÁVEIS

CARO LEITOR,
Queremos saber sua opinião sobre nossos livros.
Após a leitura, curta-nos no facebook/editoragentebr, siga-nos no
Twitter@EditoraGente e visite-nos no site www.editoragente.com.br.
Cadastre-se e contribua com sugestões, críticas ou elogios.
Boa leitura!

MAURÍCIO BENVENUTTI

REFERÊNCIA BRASILEIRA NO VALE DO SILÍCIO QUE PARTICIPOU DA CRIAÇÃO DE UMA EMPRESA BILIONÁRIA

INCANSÁVEIS

COMO EMPREENDEDORES DE GARAGEM ENGOLEM TRADICIONAIS CORPORAÇÕES E CRIAM OPORTUNIDADES TRANSFORMADORAS

Diretora
Rosely Boschini

Gerente Editorial
Marília Chaves

Editora de Produção Editorial
Rosângela de Araujo Pinheiro Barbosa

Assistentes Editoriais
César Carvalho e Natália Mori Marques

Controle de Produção
Karina Groschitz

Preparação
Guilherme Kroll Domingues

Projeto Gráfico
Neide Siqueira

Editoração
Join Bureau

Revisão
Sirlene Prignolato

Ilustração
Freepik.com

Capa
Vinicius Gallo Balsys/Agência InterUP

Imagens de Capa
XiXinXing; SolStok; shapecharge; gzorgz; heibaihui e Yuri_Arcus/ iStock by Getty Images

Impressão
Gráfica Assahi

Copyright © 2016 Maurício Benvenutti
Todos os direitos desta edição são reservados à Editora Gente.
Rua Original, nº 141/143
São Paulo, SP – CEP 05435-050
Telefone: (11) 3670-2500
Site: http://www.editoragente.com.br
E-mail: gente@editoragente.com.br

Dados Internacionais de Catalogação na Publicação (CIP)
Angélica Ilacqua CRB-8/7057

Benvenutti, Maurício
    Incansáveis: como empreendedores de garagem engolem tradicionais corporações e criam oportunidades transformadoras / Maurício Benvenutti. – São Paulo: Editora Gente, 2016.
    192 p.

    ISBN 978-85-452-0129-8

    1. Negócio – Inovações tecnológicas 2. Empresas novas 3. Empreendedorismo 4. Criatividade nos negócios 5. Comportamento organizacional I. Título.

16-0897   CDD-658.11

Índices para catálogo sistemático:
1. Empresas novas: Inovações tecnológicas   658.11

Agradecimentos

Logo que me mudei para o Vale do Silício,[1] percebi que precisava encontrar uma forma de registrar a avalanche de informações riquíssimas que diariamente chegavam até mim. Assim, fiz uma espécie de diário. Todas as noites, antes de dormir, escrevia um resumo do meu dia. Quem eu conheci, as novidades que observei, as experiências que vivi etc.

Depois de 18 meses, o diário tinha mais de 150 páginas. E dele nasceu este livro. Ricardo Stanford-Geromel, um grande amigo que fiz em São Francisco, o ex-colunista da revista *Forbes*, autor do livro *Bilionários* e um dos principais responsáveis pela popularização atual do futebol nos Estados Unidos, foi o primeiro incentivador do projeto. Ele abriu as portas para o livro virar coisa séria.

Na sequência, a vida me apresentou outra pessoa especialíssima: Tainã Bispo. Ela é editora e responsável por me ensinar tudo sobre o mercado editorial brasileiro. Incomodei-a durante meses, tenho certeza que ela me achou um chato, mas esse livro não teria acontecido sem ela.

Além disso, foi Tainã quem me apresentou a Rosely e todos da Editora Gente. Fantástico o trabalho dessa equipe, que topou a minha loucura de lançar esse projeto em poucos meses. Absolutamente todos foram incríveis e realizaram um trabalho de primeira.

Agradeço também ao StartSe, um dos maiores fomentadores de novos negócios no Brasil, que conecta empreendedores, investidores e mentores, por divulgar e promover esse livro. Assim como InfoMoney e XP Investimentos, que me ajudaram *muito* a fazer esse conteúdo atingir mais pessoas.

Pedro Englert, um cara incrível que há dez anos me concede a honra de poder trabalhar com ele, foi outra pessoa chave no projeto. Bem como Patrick Sigrist, fundador do iFood. Ambos escreveram alguns capítulos e contribuíram para o texto ficar ainda mais rico e profundo.

Além deles, agradeço aos meus irmãos, Patrícia e Rodrigo, e a todos os demais familiares. Porém, preciso agradecer em especial aos meus pais, e lhes dizer um "muitíssimo obrigado", uma vez que eles participaram de modo ativo deste trabalho. Como o empreendedorismo não é a praia deles, eu só encerrava um capítulo quando ambos entendiam toda a mensagem que eu gostaria de transmitir. É por isso que qualquer pessoa, independentemente do que faça na vida, vai ler esse livro e entendê-lo perfeitamente. Nelson e Nara, amo vocês!

E nada disso aconteceria sem minha amada esposa, Nathália Benvenutti. Com certeza fui muito bonzinho em outras vidas para ter recebido um presente tão especial. Ela me entende completamente. Amiga, namorada, noiva e mulher. Ela é tudo!

Por fim, agradeço a *você* leitor, por chegar até aqui disposto a olhar para o futuro de cabeça aberta, se inspirar com os *Incansáveis* e aprender como os mais valiosos negócios do mundo são criados. Boa leitura!

Sumário

Sobre o autor — 11

O QUE VAI ACONTECER COM O MUNDO

01 Você vai ficar obsoleto — 15
Tudo enferruja cada vez mais rápido — 15
O mundo será muito diferente em pouco tempo — 17

02 Uber foi só a ponta do iceberg — 21
Muita água ainda vai rolar — 21
Serviços de intermediação serão reescritos — 30
Ciclos de inovação nascem invisíveis — 33

03 Vale do Silício como epicentro da mudança — 37

De onde as principais mudanças partem — 37
O mundo copia a fórmula das *start-ups* — 39
Empresas tradicionais vão em busca de inspiração — 41

04 Empreendedores de "garagem" vão engolir corporações — 47

Sedentarismo será engolido — 47
A dificuldade das grandes corporações inovarem — 48
Tradicional modelo de P&D é insuficiente — 53

05 O movimento não tem volta — 57

Ecossistema de *start-ups* é uma combinação explosiva — 57
A Quarta Revolução Industrial — 61

COMO OS INCANSÁVEIS CRIAM OPORTUNIDADES

06 Deixe-se inspirar pelo empreendedorismo do Vale do Silício — 65

Motorista *versus* Passageiro — 65
O Vale começou muito antes de ser Silício — 66
O conto da estabilidade — 68
As Regras da Garagem — 70

07 O que são *Start-Ups* — 75

Empresa *start-up versus* empresa tradicional — 75
Feitas para crescer rápido — 78
De um dormitório para o mundo — 82
A dedicação exigida é total — 84

Sumário

08 Como escolher uma ideia — 87
Sua ideia vale pouquíssimo — 87
Quatro passos para escolher uma boa ideia — 89
Escute as frustrações — 92
Não tenha medo do medo — 93
Muitas empresas nasceram completamente
diferentes do que são — 94

09 Comece simples e rápido para depois escalar — 99
Construa algo que as pessoas *amem* — 99
Comece fazendo coisas que não escalam — 102
Plano de Negócios tem outra forma e outro nome — 104
O primeiro MVP do Vale do Silício — 107

10 Time e cultura fazem você vencer — 111
Dois ou mais fundadores são melhores do que um — 111
Tente não contratar — 113
Uma cultura forte atrai talentos — 116
Cultura *versus* Resultado — 117

11 Você não é uma ilha — 121
Uma grande malha de conexões — 121
Conviva com diferentes tribos — 124
Jamais subestime suas limitações — 126

12 Quem você quer atingir — 131
Os quatro tipos de potenciais consumidores — 131
Que festa você daria? — 136
A necessidade do consumidor *não* muda, mas a
tecnologia sim — 138

13 Qualquer empresa é uma empresa de mídia — 143

O poder da informação está com você — 143

Dialogue com seu público — 145

Os três tipos de trabalho — 147

O efeito Rossano — 149

Uma empresa de mídia clássica — 150

14 A sua palavra tem poder — 155

Falar bem impressiona — 155

O discurso do elevador — 156

Estrutura básica para surpreender no palco — 158

O mais popular programa de apresentações — 161

Entender o investidor para saber falar com ele — 164

15 Conhecimento e paixão importam — 171

A matemática do Vale — 171

Um exemplo brasileiro — 174

Seja apaixonado pela sua causa — 178

O que vimos até aqui foi apenas a faísca inicial — 180

Referências — 183

Sobre o autor

Você aceitaria uma proposta para ganhar um quarto do que ganha e trabalhar o dobro do que trabalha? Trocar um bom emprego em uma empresa mundialmente conhecida por uma aventura empreendedora dentro de uma sala pequena? Pois é, para desespero dos meus pais, foi exatamente essa proposta que eu aceitei.

Larguei uma estável e bem-sucedida carreira executiva em um importante parceiro da IBM para ingressar em um desconhecido escritório de investimentos de Porto Alegre. Juntamente com sócios fantásticos, transformamos aquela pequena empresa na XP Investimentos, hoje a maior corretora do Brasil e uma das maiores instituições financeiras da América Latina.

Depois de trabalhar quase uma década e ajudar a fazer da XP um negócio bilionário, resolvi começar uma nova jornada. Mudei para o Vale do Silício e mergulhei no universo das empresas mais inovadoras do mundo. Sempre fui fascinado por essa região. Seja pelo seu jeito diferente de fazer negócios, ou pela incrível forma como se abandonam as formalidades, hierarquias e amarras do sistema para romper com os tradicionais setores da economia onde a evolução não acontece da mesma forma.

Então me juntei a outras pessoas incríveis e hoje sou sócio do StartSe, a maior plataforma do Brasil para conectar *start-ups*, investidores e mentores. Moro em São Francisco, fomentando o empreendedorismo no país por meio de consultorias, palestras e transferência de conhecimento aos empresários brasileiros.

O QUE VAI ACONTECER COM O MUNDO

01 Você vai ficar obsoleto

Tudo enferruja cada vez mais rápido

Vivemos em uma época em que as coisas ficam obsoletas cada vez mais rápido. Não só produtos ou serviços desaparecem substituídos por outros, mas indústrias inteiras estão sendo devoradas por formas mais eficientes de trabalho.

Vimos muito isso acontecer com os produtos eletrônicos. Bastava tomar a decisão de comprar um computador, uma câmera digital ou um celular para, no mês seguinte, um novo modelo aparecer, mais avançado e praticamente pelo mesmo preço. Parecia praga! Lei de Murphy! Quem não viveu isso?

O mesmo ocorreu no setor de serviços. A evolução das telecomunicações, por exemplo, fez desaparecer o DDI. Recordo quando meu irmão fez a sua primeira viagem internacional muitos anos atrás. Lembro-me da angústia dos meus pais esperando dias pela primeira ligação dele. Contei isso em uma recente palestra para jovens e todos riram! Hoje parece piada, mas na época minha mãe chorou horrores.

Agora, porém, a mudança é muito mais profunda. Celulares, redes sociais, computação em nuvem, *big data*, Internet das Coisas e várias outras inovações foram importantíssimas. No entanto, todas essas tecnologias, que antes eram desenvolvidas de modo isolado, hoje são facilmente agrupadas e convergidas, produzindo soluções que vão muito além de só transformar produtos e serviços. Elas, na verdade, transformam *modelos de negócios*. Substituem um jeito de trabalhar por outro. Atingem em cheio o coração da sociedade e fazem setores inteiros da economia, que funcionam da mesma forma há anos, serem desafiados por empreendedores de "garagem", dispostos a romper com o sedentarismo de certas indústrias por meio da criação de alternativas melhores e mais eficientes.

Além disso, as pessoas têm aceitado a inovação muito mais rápido. Depois de ser inventada, a eletricidade demorou 46 anos para ser adotada por pelo menos 25% da população norte-americana. Foram necessários, porém, 35 anos para adotar o telefone, 31 para o rádio, 26 para a televisão, 16 para o computador, 13 para o celular e apenas 7 para a internet.[2]

Assim, tecnologia, empreendedorismo e rápida curva de adoção formam uma combinação explosiva que afeta os tradicionais setores econômicos, transforma modelos de negócios inteiros e acelera o envelhecimento das coisas. A chave para lidar com isso não depende só da busca de novas oportunidades, mas também da nossa habilidade para enxergar o mundo com outros olhos, não subestimar a capacidade dos outros e ver potencial nas coisas mais malucas que existem.

O mundo será muito diferente em pouco tempo

A *Global Fortune 500* é um ranking publicado anualmente pela revista *Forbes* com as quinhentas maiores corporações do mundo de acordo com as suas receitas. É incrível ver como esse ranking muda ano a ano. E como essas mudanças são cada vez mais intensas. Das empresas listadas em 2000, 52% decretaram falência, foram compradas ou saíram da lista. Comparando com 1955, quando a publicação foi lançada, 88% dos negócios já estão fora ou não existem mais.[3]

Enquanto algumas organizações conseguem se adaptar de forma proativa às mais recentes tecnologias, a grande maioria das empresas demora a se transformar. Muitas teimam em achar que são infalíveis, outras até tentam, mas são impedidas pelo peso do corporativismo que inibe a rápida mudança. Há ainda aquelas que não fazem absolutamente nada e ficam para trás. É por isso que qualquer pequeno empreendedor pode ultrapassar uma grande corporação hoje em dia. São empresas não tradicionais e não convencionais que estão atraindo a nova classe de consumidores. Elas ditaram as recentes transformações do mundo e tendem a continuar escrevendo o futuro.

Por isso, a necessidade de inovar é iminente. Há urgência para as corporações elaborarem e executarem novas ideias. Cada vez mais, elas enfrentam o risco de serem ultrapassadas e engolidas por negócios completamente desconhecidos, por soluções criadas em fundo de garagem que nascem com o DNA da ruptura e da quebra de paradigmas e padrões. Empreendedores descompromissados com as amarras e a burocracia da indústria desafiam não só empresas centenárias, mas também segmentos inteiros da economia e modelos de negócios tradicionais que funcionam da mesma forma há anos.

Não adiantou os hotéis reclamarem e tentarem se proteger. O Airbnb é hoje a maior rede de hospedagens de mundo. Taxistas brigam, fazem

Quem dita
um mercado
não são as empresas,
são os consumidores

carreatas, bloqueiam ruas e protestam, mas o Uber modificou o transporte de pessoas para sempre. Grandes mídias sofrem diariamente com a perda de receitas para o Google, o atual número um do mercado mundial de publicidade. E a Apple mudou não só o negócio de celulares, mas também o de lanternas, relógios de pulso, despertadores, câmeras e música.[4]

Assim, sempre que uma solução é aceita pela sociedade, não há como voltar atrás. *Quem dita um mercado não são as empresas, são os consumidores.* Se um modelo de negócio é visto como melhor do que outro, paciência. Sindicatos vão chiar. Indústrias vão reclamar. Mas todos esses movimentos, gerados pelo desespero de ver setores inteiros da economia desaparecerem, serão em vão. Não tem jeito. Quando um negócio não evolui, é só uma questão de tempo até ser substituído por outro.

O declínio da Kodak é um exemplo. Mesmo uma potência global da tecnologia e inovação, que inventou o filme fotográfico e depois a câmera digital, pode falhar se não conseguir responder de forma eficaz às novas tecnologias e tendências. A empresa liderou por anos o mercado de câmeras digitais, mas não soube antecipar quão rápido elas se tornariam *commodities*, com margens de lucro menores e uma quantidade imensa de competidores. No seu auge, chegou a ter 140 mil funcionários. Em 1996, era a quarta marca mais valiosa dos Estados Unidos, atrás apenas de McDonald's, Coca-Cola e Disney. Em 2012, porém, entrou com pedido de falência.[5]

Thomas Edison inventou a lâmpada elétrica e irritou os acendedores de lampião. Karl Benz inventou o carro e irritou carroceiros. A televisão irritou radialistas. E o computador irritou datilógrafos. Já hoje, WhatsApp irrita telefônicas, Tesla irrita petroleiros e Netflix irrita emissoras de TV. Enfim, "o progresso é a esperança dos povos e o desespero dos acomodados".[6]

02 Uber foi só a ponta do iceberg

Muita água ainda vai rolar

O Uber chacoalhou o mundo, não é? Pois bem, o impacto que ele causou não se compara ao tamanho das futuras e avassaladoras transformações que vão ocorrer na sociedade. Há inovações acontecendo em todas as áreas. Muitas já próximas de ganharem escala, outras nem tanto. Todas, porém, indicam claramente para onde o mundo vai.

O futuro não será fácil. Indústrias inteiras vão desaparecer enquanto novos padrões vão surgir. Será preciso se adaptar e quem não fizer isso ficará para trás.

No passado, a invenção do trator e de outras máquinas agrícolas automatizou o trabalho nas fazendas e forçou milhares de pessoas a procurarem outras formas de sustento. Naquela época, se você perguntasse a um desses fazendeiros, expulsos de suas terras, o que eles achavam disso, muitos diriam: "Isso é uma tempestade! É o fim! O mundo acabou!" A tecnologia havia tirado deles a única coisa que eles sabiam fazer na vida. E não havia clareza em relação ao que iria acontecer.

Contudo, à medida que novas competências foram exigidas, as pessoas se reinventaram e o mundo se transformou. Habilidades foram desenvolvidas, produtos e serviços foram inventados, indústrias inteiras foram construídas, empregos que não existiam passaram a existir, remodelando *completamente* o mercado de trabalho e de oportunidades.

Hoje, vivemos uma situação semelhante. Assim como os fazendeiros do passado, ao enxergar as novas tecnologias desafiando os tradicionais empregos e devastando os atuais modelos de negócios, a primeira reação de muita gente é o *desespero*. E quem tiver essa atitude certamente ficará defasado, pois a inovação é inevitável.

O segredo para se adaptar às atuais transformações é *aceitar* que o mundo mudou e se preparar para isso. Entender o que vai surgir e o que vai desaparecer. Agir em vez de reclamar. Enfrentar em vez de recuar. Levantar a cabeça ao invés de baixar. Quem tiver esse comportamento vai construir a próxima grande geração de negócios, de oportunidades e de indústrias. E a referência para essa mudança são todos aqueles empregos do passado, como o de milhões de trabalhadores do campo, que foram completamente transformados.

Por mais desconfiado que você seja em relação ao futuro, lembre-se de como era a vida cinquenta anos atrás, sem celular, internet e computadores pessoais. *As grandes inovações não parecem fazer muito sentido no início.* Muita gente debochou dessas ideias inovadoras quando foram lançadas. O segredo para evitar o pensamento limitado e defasado a respeito dos avanços tecnológicos é ver potencial e oportunidade onde a grande maioria só enxerga pessimismo e desconfiança.

As grandes **inovações** não parecem fazer muito sentido no início

Deixe-me estimular a pensar lá na frente. Visualize o futuro de cabeça aberta. Observe os inúmeros negócios que vão aparecer e os outros tantos que vão sumir. A seguir, apresento dez inovações em curso que vão revolucionar a sua vida para sempre e fazer o ganha-pão de muitos virar história.

1 Adiamento da morte

A Calico[7] é uma empresa de biotecnologia do Google. Ela trabalha para restaurar a vitalidade humana, combater doenças relacionadas ao envelhecimento e prolongar a nossa vida. A expectativa é estender a idade em 50% e fazer homens e mulheres ultrapassarem os 120 anos.[8] Imagine o impacto disso nos planos de aposentadoria, na previdência social, nas relações de trabalho e na sociedade como um todo. Em 1900, a expectativa de vida não passava de 40 anos. Hoje, ela já passa dos 70. No futuro, viveremos ainda mais.[9]

Só entre 2000 e 2015, a expectativa de vida aumentou cinco anos. Foi o mais rápido aumento desde os anos 1960. A cada três anos, ganhamos mais um ano de vida.[10] Imagine como será a noite de Natal no futuro, quando várias gerações sentarão ao redor da mesa! Enquanto a maioria dos *baby boomers* (pessoas nascidas entre 1946 e 1964, no pós-Segunda Guerra Mundial) não conheceu seus bisavós, é bem provável que a geração atual conviva com seus tataranetos.

2 Carros elétricos

Automóveis elétricos são realidade em vários lugares do mundo. No Vale do Silício, é comum vê-los sendo recarregados em frente às casas. Postos de combustível e toda a indústria que suporta os veículos à combustão serão substituídos nas próximas décadas. A BMW anunciou que a partir de 2025 só fará carros elétricos.[11] A Toyota planeja parar de vender modelos à gasolina até 2050.[12] A Tesla, uma das maiores novidades automotivas dos últimos tempos, produz apenas veículos à bateria. E, com pouco mais de quinze anos de história, no início de 2019, seu valor de mercado já era maior que o da Ford e praticamente igual ao da GM, empresas tradicionais e centenárias desse segmento. Ou seja, a mudança que isso provocará na matriz energética mundial, hoje baseada no petróleo, será imensurável.

3 Carros sem motorista

Esse projeto é revolucionário e impactará bilhões de pessoas.[13] Na verdade, ele é uma realidade, pois algumas dezenas de carros autônomos – sem motorista – já andam pelas ruas do Vale do Silício atualmente. Tive a oportunidade de entrar em um deles e acompanho o tema de perto.

São drásticas as mudanças que isso causará na vida de todos. Motoristas ou taxistas deixarão de existir, pois o carro andará sozinho. O preço das corridas será reduzido, pois não haverá necessidade de pagar pelo serviço humano. O usuário pagará apenas pelo carro, que será uma *commodity*. Assim, as pessoas serão desestimuladas a comprar o seu próprio automóvel, pois o gasto com mobilidade urbana será marginal. Imagine o impacto disso para as montadoras?

Isso também será uma bomba para seguradoras, pois os acidentes com as versões autônomas serão mínimos. Em 2015, a AllState, uma das maiores seguradoras norte-americanas, anunciou publicamente pela primeira vez, que essa tecnologia poderá gerar severas perdas para o seu negócio, e até mesmo acabar com ele se nada for feito.[14]

Além disso, estacionamentos perderão importância.[15] Como o carro autônomo ficará a maior parte do tempo rodando, embarcando e desembarcando pessoas, o seu tempo parado diminuirá. Também será possível trocar um voo de curta distância por uma viagem de automóvel. Que tal ir de São Paulo ao Rio de Janeiro de madrugada, deitado e dormindo? Por que precisar chegar com antecedência ao aeroporto e esperar horas até a decolagem? Com o veículo autônomo, sua viagem será de porta a porta, do conforto do seu lar até a entrada do seu destino.

Veja quantas indústrias serão impactadas apenas com esse avanço. Quantos modelos de negócios e profissões deixarão de existir. E quantos novos mercados serão criados. No final de 2018, por exemplo, a Waymo – empresa que assumiu o projeto de carros sem motoristas do Google – lançou na cidade americana de Phoenix o primeiro serviço do mundo de táxis autônomos.[16] Você até pode achar isso tudo loucura, impensável, mas décadas atrás ninguém imaginava que os computadores poderiam mudar as nossas vidas. Em 1943, Thomas Watson, então presidente da IBM, disse: "eu acho que há espaço no mundo para uns cinco computadores".[17] O que era inimaginável se tornou comum.

4 Drones para transportar humanos

Drone é um veículo aéreo não tripulado que é controlado remotamente para realizar inúmeras tarefas. Se você ainda acha o carro autônomo impensável, saiba que já existem drones que transportam pessoas. Ou seja, veículos aéreos autônomos que podem levá-lo de um lugar para outro rapidamente. Não é um projeto futurístico. É realidade!

Eu vi pessoalmente o lançamento do produto na *Consumer Electronics Show* (CES) de 2016, uma das maiores feiras de tecnologia do mundo, que acontece todos os anos em Las Vegas. Um dos modelos chama-se Ehang 184. Basta entrar no drone, informar para onde quer ir e apertar um botão. Você literalmente levanta voo e chega ao seu destino em instantes.[18] Com objetivo semelhante, a Uber lançou, em 2018, o seu projeto de carro voador em parceria com a Embraer. A viagem entre São Paulo e Campinas duraria só 18 minutos.[19]

5 Impressoras 3D

Hoje, a impressão 3D ocupa o mesmo espaço que os computadores pessoais ocupavam na metade do século passado. Ou seja, ela fornece um conjunto aparentemente ilimitado de oportunidades, muitas ainda nem sequer contempladas.

Estamos à beira de uma grande transformação na maneira como os produtos são concebidos e produzidos. Atualmente, é preciso uma equipe com inúmeros profissionais para criar protótipos, além de uma estrutura de produção enorme para fabricar esses itens e levá-los ao mercado. Com uma impressora 3D, no entanto, um indivíduo pode ter um protótipo em mãos rapidamente, em poucas horas, sem precisar de matrizes ou moldes caros.[20] E visto que os materiais de impressão estão cada vez mais acessíveis, será possível testar e refazer os protótipos quantas vezes for necessário. O que leva meses e exige vários profissionais, será feito em poucas horas por um só indivíduo.

Indo além, as impressoras 3D podem se tornar um item caseiro tão essencial quanto a televisão ou o computador. Em vez de comprar produtos em lojas on-line, por exemplo, os consumidores poderão fazer o download dos modelos e imprimir os produtos em casa, por conta própria. Imagine o impacto disso. Uma mudança profunda e sem precedentes nos padrões de produção, distribuição e consumo mundial de mercadorias. Futuramente, produtos podem deixar de ser transportados entre continentes e apenas matérias-primas de impressão cruzarão os oceanos.[21]

Por fim, até partes complicadíssimas do nosso corpo poderão ser "impressas". Se alguém precisar de um fígado, por exemplo, impressoras 3D fabricarão o órgão que será transplantado. Isso será possível usando células-tronco modificadas com o próprio DNA do paciente, proporcionando um suprimento inesgotável de órgãos sem nenhum risco de rejeição. Hoje, já é possível produzir ossos, músculos e estruturas de cartilagem. Uma orelha incrivelmente precisa já foi impressa.[22] Vasos sanguíneos e tecidos cardíacos também. Por mais impensável que isso seja, tente enxergar quanto a humanidade será impactada e quantas vidas poderão ser salvas.

6 Mapeamento genético

Hoje, já existe uma empresa chamada 23andMe[23] que usa a saliva para informar se você possui o gene ligado ao mal de Alzheimer ou ao câncer de mama. E por mais que os Estados Unidos tenham barrado várias vezes a comercialização desse teste, isso mostra quanto a genética está avançada. No futuro, será comum realizar o sequenciamento gratuito do DNA e o diagnóstico precoce de doenças terminais. As pessoas poderão modificar seus genes e prevenir o desenvolvimento desses males.

7 Democratização da energia

Você sabia que em apenas uma hora o sol libera sobre a Terra uma quantidade de energia superior ao consumo global do ano todo? E que painéis solares cobrindo uma área do tamanho da Espanha seriam suficientes para fornecer energia ao planeta inteiro?[24]

Bem, fazendo uso desse imenso potencial, a empresa Semtive[25] desenvolveu um minigerador, que usa placas solares e uma turbina eólica, capaz de fornecer eletricidade suficiente para manter uma casa durante algumas horas. O aperfeiçoamento dessa tecnologia permitirá que uma pessoa produza a própria energia que consome.

No entanto, essa história vai mais além. As pessoas que produzirão a sua energia vão também compartilhá-la, assim como você produz e compartilha dados na internet. A democratização da energia transformará profundamente as relações humanas, impactando a maneira de conduzir negócios, governar sociedades e educar crianças.[26]

8 Internet global

Enquanto a internet é algo normal para você e para a maioria das pessoas que conhece, 55% da população mundial ainda não está conectada. O Projeto Loon, desenvolvido pelo Google, vai oferecer acesso gratuito à internet para *todas* as pessoas do mundo. Esse projeto utilizará uma rede de balões que flutuam pelo espaço, que darão acesso a internet para pessoas isoladas em áreas rurais e remotas.[27] Assim, em pouco tempo, haverá internet global em massa conectando nações, comunidades, empresas e pessoas. Isso vai acelerar ainda mais o acesso em tempo real a tudo.

9 Inteligência artificial e robótica

A inteligência artificial ultrapassará a inteligência humana e será incorporada em quase tudo, de casas a hospitais. A robótica estará unida digital e fisicamente às pessoas. Pacientes, por exemplo, poderão ser tratados em qualquer lugar do mundo, pois cirurgiões-robôs vão operar de modo remoto. A Medicina dará um salto de qualidade e jamais será a mesma.

É impossível listar a quantidade de áreas impactadas por isso. Assistentes robóticos poderão realizar qualquer tarefa e serão capazes de substituir diversos profissionais. A Baker & Hostetler, um escritório global de advocacia, contratou um robô para resolver em segundos os casos jurídicos mais básicos, justamente aqueles que os advogados iniciantes pegam e demoram dias para solucionar.[28] A rede Hilton está testando em vários hotéis um robô-concierge capaz de responder inúmeras dúvidas dos hóspedes, como dicas de restaurantes e atrações turísticas.[29] A Suitable Technologies, sediada em Palo Alto, na Califórnia, criou o Beam, um aparelho de telepresença operado à distância. Sua loja no Vale do Silício é totalmente controlada de maneira remota, inclusive para abrir e fechar. Não há interferência humana presencial. Profissionais à distância conseguem atender várias unidades ao mesmo tempo, reduzindo de forma drástica a ociosidade do varejo.

10 O dinheiro do futuro

Criado em 2009, o Bitcoin é um sistema de pagamentos on-line que independe de qualquer autoridade central. Essa moeda digital pode ser transferida entre as pessoas sem a necessidade de uma instituição financeira ou órgão emissor centralizado.

Hoje, já é possível utilizá-la para comprar praticamente tudo. Não são só serviços on-line, como muita gente pensa, mas também produtos tangíveis da economia real. Empresas sólidas como Victoria's Secret,

Dell, Amazon, Tesla, a rede de lanchonetes Subway e uma infinidade de outros lugares aceitam Bitcoins.[30]

Como qualquer tecnologia revolucionária, muita gente já afirmou em diversas ocasiões que o projeto está morto. Muitos não acreditam que ele avançará. Contudo, sua adoção só expande. Dezenas de outras moedas similares também foram criadas. E independentemente de qual delas será escolhida como padrão, seu impacto é incalculável.

Diante disso, autoridades econômicas poderão perder importância. Moedas perderão valor. A indústria de cartões de crédito, dominada por Visa, American Express e MasterCard, será reinventada, bem como todo o mercado de transferência de dinheiro, hoje liderado pela gigante Western Union. Ou seja, tudo será bem diferente do que você está acostumado desde que nasceu.

É claro que a completa adoção de todas essas novidades vai levar décadas, mas seus benefícios as tornarão indispensáveis em nossas vidas. Assim como acontece em qualquer revolução tecnológica, quem planejar com antecedência vai prosperar. Quem insistir em tecnologias antigas tende a desaparecer.

Serviços de intermediação serão reescritos

As transformações em curso desde o surgimento da internet estão cada vez mais rápidas. Indústrias extremamente dependentes de intermediários e do trabalho humano estão sendo substituídas. A tecnologia permite que muitos produtos e serviços cheguem ao consumidor com mais eficiência, fazendo empresas perderem relevância e profissões deixarem de existir.

No mercado financeiro, por exemplo, o empréstimo de pessoa para pessoa já é uma realidade. Na China, onde esse novo modelo já é bem regulamentado, instituições financeiras focadas em concessão de crédito estão fechando. Não é mais preciso usá-las para obter dinheiro emprestado. A tecnologia substitui o serviço dessas organizações por sistemas mais enxutos, rápidos e baratos.

Renomados *chefs* estão saindo de luxuosos restaurantes e transformando suas casas em locais de trabalho. Em São Francisco, por exemplo, você pode jantar na residência do *chef*, conversar com ele, degustar os aperitivos em sua sala e viver uma experiência gastronômica completamente diferente. Imagine a fúria dos proprietários de restaurantes!

Grandes varejistas de decoração e design de interiores, que dominavam o mercado de mobiliários domésticos, hoje enfrentam a competição de artistas amadores que conseguem disponibilizar seus trabalhos para milhões de consumidores com facilidade.

Veja também a educação. Com todas essas transformações, você *realmente* acha que ela continuará igual? Dependente de estruturas pesadas, instalações enormes e aulas presenciais? Esse é um dos principais temas que escuto em Stanford e UC Berkeley (renomadas universidades do Vale do Silício posicionadas entre as dez melhores do mundo). Há anos, os tradicionais cursos de especialização, por exemplo, vêm sendo desafiados por plataformas de ensino a distância como Coursera, Udacity e Udemy, esta última com dez milhões de estudantes e quarenta mil cursos totalmente on-line.

Sites de turismo diminuíram a necessidade de agentes humanos de viagem. Jornais on-line afastaram os jornaleiros das esquinas. E-mails fizeram cartas desaparecerem. Tradutores automáticos facilitaram a vida de quem precisa se comunicar em outro idioma. E o eBay atropelou leilões assim como a Amazon atropelou livrarias – eram 40 mil livrarias nos Estados Unidos em 2004 contra 26 mil em 2014.[31]

Sem mencionar o Uber, que desafia taxistas. O Airbnb, que confronta hotéis. E o Alibaba, que conecta fabricantes das mais remotas regiões do mundo a consumidores globais, passando por cima das grandes redes de varejo. Proliferam, também, aplicativos contábeis, jurídicos e que geram diagnósticos médicos on-line, pressionando os

Profissões não-tecnológicas estão sendo substituídas pela tecnologia

profissionais liberais. Ou seja, toda forma de intermediação está sendo testada. *Profissões não-tecnológicas estão sendo substituídas pela tecnologia*, afetando trabalhadores que não têm habilidade suficiente para competir ou se recolocar no mercado.

Ciclos de inovação nascem invisíveis

A inovação não é linear e constante ao longo do tempo. Ela acontece em ciclos. Em ondas que começam com uma explosão, atingem um ponto de saturação e depois desaceleram. Há quase um século, o economista Nikolai Kondratiev[32] já havia estabelecido que a economia é um fenômeno cíclico ao longo do tempo. Que um período de crescimento é seguido por outro de declínio. E que a duração de cada um desses movimentos é de aproximadamente cinquenta anos.

Hoje, muita gente relaciona os ciclos de Kondratiev aos ciclos de inovação, em que as várias tecnologias introduzidas no mercado criam novas indústrias e destroem outras. No entanto, há uma tendência de esses ciclos serem cada vez menores. Bem inferiores a cinquenta anos. É muito difícil uma novidade se manter competitiva por um longo tempo. Assim que algo é criado, substitutos aparecem por todos os lados.

Em 1960, o tempo médio de permanência de uma empresa no *S&P 500*, a lista das quinhentas companhias mais negociadas na bolsa de valores dos Estados Unidos, era de sessenta anos.[33] Hoje, é de aproximadamente vinte. Centenárias organizações como The New York Times e Avon saíram da relação e deram lugar a jovens negócios como eBay e Amazon.

O começo desses ciclos, porém, é muito difícil de ser percebido. Eles são praticamente invisíveis no início. Toda grande inovação parece não fazer sentido quando surge. E poucas empresas são capazes de identificá-la. Contudo, quando a novidade ganha força, amplitude e todos ficam sabendo, ela invade e domina mercados inteiros. Acaba com indústrias despreparadas e vulneráveis. Avança velozmente sobre a população. E substitui padrões ineficientes e cansados por soluções modernas e melhores.

É como um tsunami. A primeira onda é fraca. Pouca gente percebe. Ela passa e vai embora. No entanto, pouco tempo depois vem a segunda onda e arrasa praticamente tudo. Destrói cidades inteiras. Avança sobre os desprevenidos. Provoca caos, desespero e morte.

Assim são os ciclos de inovação. Em 2007, por exemplo, a Nokia era a maior empresa de celulares do mundo. Com uma liderança incontestável, pouca gente enxergava a possibilidade de ameaça. Naquele mesmo ano, porém, Steve Jobs lançou o iPhone, um aparelho de celular com um botão só. Muitos não viram sentido nenhum nisso (primeira onda do tsunami). Contudo, sete anos depois, a Nokia praticamente desapareceu e precisou vender a sua divisão de telefonia para a Microsoft por apenas 3% do seu antigo valor de mercado.[34]

Outro exemplo é o da Blockbuster, que já foi a maior locadora de vídeos do mundo. Em 2004, ela tinha 70 mil funcionários e 9 mil lojas em todo o planeta. Antes disso, em 1997, a empresa Netflix foi criada no Vale do Silício com um formato diferente: ela distribuía os vídeos pela internet e não por lojas físicas. Em 2000, ela foi oferecida por 50 milhões de dólares à Blockbuster, que recusou a compra por não ver valor no negócio (primeira onda do tsunami). Anos depois, a gigante Blockbuster pediu falência, engolida e aniquilada pelo sucesso do serviço de *streaming* da empresa que não quis comprar.

Esse é um dos motivos que faz quase toda grande empresa possuir um escritório no Vale do Silício. Como a maioria das recentes transformações surgiu na região, as corporações se instalam nesse ambiente para identificar com antecedência o início de um novo ciclo. Assim, elas podem ajustar seus negócios às novas tendências e continuar competitivas por muito mais tempo.

Uma grande inovação é como um tsunami.

A primeira onda é fraca e imperceptível.

A segunda é absurdamente forte e destruidora.

03 Vale do Silício como epicentro da mudança

De onde as principais mudanças partem

O Vale do Silício foi responsável por criar grande parte das profundas transformações das últimas décadas. E com certeza vai continuar interferindo na forma como a sociedade global vive, trabalha e se relaciona. A capacidade que a região tem de evoluir e se reinventar é incrível. Assim como um vulcão que entra em erupção frequentemente, seu ímpeto criativo e empreendedor produz novas ideias, novas tecnologias e novos modelos de negócios quase em série, um após o outro.

Para conseguir isso, a cultura local desenvolveu uma maneira diferente de criar empresas. As *start-ups*, projetadas para crescer rápido e impactar muita gente, se tornaram os negócios mais valiosos e atraentes do planeta. Google, Apple, Facebook e outras tantas bilionárias organizações começaram lá atrás como *start-ups*. Falaremos mais sobre o que elas são no capítulo 7.

É esse tipo de empresa que está atraindo grande parte das mentes mais brilhantes do planeta. Nas últimas décadas, profissionais renomados deixaram o ambiente engessado das corporações, mesmo com seus altos salários e bônus, para empreender projetos que rompem o protecionismo das tradicionais indústrias, projetam a tecnologia do futuro e melhoram a vida de milhões de pessoas.

Isso tem feito as *start-ups* liderarem o cenário global de formação de talentos e criação de ideias. E elas estão redefinindo quase todas as relações de trabalho deste século. Hoje, por exemplo, para qualquer corporação de alcance global que dependa de tecnologia (praticamente todas), é mais importante ter um escritório no Vale do Silício que em Nova York. É quase uma questão de sobrevivência. Nova York pode até gerar mais vendas e ser uma região com maior potencial de receita, mas a fórmula da longevidade está no Vale do Silício. É esse ecossistema, hoje replicado em várias regiões do mundo, que fomenta o nascimento das soluções do amanhã, capazes de reinventar indústrias inteiras, implodir sistemas antigos e estabelecer novos padrões de consumo. Para quem quer inovar, ficar longe desse ambiente é como ser um surfista longe do mar.

As *start-ups* não são responsáveis apenas por criar soluções revolucionárias e inovadoras, mas também por inspirar novos modelos de negócios que exigem *muito* menos investimento. Usando novamente a Blockbuster como exemplo, quanto custava para ela distribuir o DVD de um novo filme? A logística de compra e distribuição dos discos de DVDs para as lojas era enorme. Agora, quanto custa para o Netflix fazer a mesma coisa? Ele apenas disponibiliza o filme em sua plataforma on-line e pronto! Instantaneamente, milhões de pessoas conseguem assisti-lo. Apesar dos custos dos servidores, é uma operação muito mais barata, rápida e conveniente.

Assim, as *start-ups* se caracterizam por usar de modo intenso a tecnologia para criar soluções altamente disruptivas (que rompem os tradicionais padrões da indústria). E elas começam com *muito* menos recursos do que as tradicionais empresas precisam para começar.

Além disso, há no Vale do Silício uma cultura extremamente colaborativa, ousada e empreendedora que dá o suporte para o desenvolvimento das *start-ups*. Primeiro, as pessoas são encorajadas a compartilhar o que estão fazendo. O ecossistema é aberto, sabe ouvir e dar feedbacks rápidos. Segundo, assumir riscos faz parte da cartilha de sobrevivência. O Vale não é lugar de sombra e água fresca. E, terceiro, sabe-se que para empreender, muitas vezes é preciso errar. Por isso, fracassos são aceitos. *Quando uma pessoa falha, isso apenas significa que ela saltou de uma ideia para a próxima.* Ninguém é julgado por isso.

Dessa forma, o Vale do Silício revolucionou a maneira como os novos negócios surgem. Hoje, qualquer pessoa, de qualquer idade, a qualquer hora e lugar, consegue facilmente entrar para o universo do empreendedorismo. Montar uma empresa já não é mais um bicho de sete cabeças.

O mundo copia a fórmula das *start-ups*

Em função do bem-sucedido formato do Vale do Silício, pessoas do mundo inteiro começaram a criar *start-ups* em seus próprios países, desenvolvendo inúmeros ecossistemas de empreendedorismo ao redor do planeta. Cada um desses lugares cultiva características únicas e são diferentes entre si. Contudo, todos compartilham a mesma mentalidade de inovar, romper barreiras e quebrar paradigmas.

Assim, o *empreendedorismo é hoje um fenômeno global*. Qualquer pessoa que deseja criar uma *start-up* possui todas as ferramentas e recursos necessários à sua disposição. E todas as condições de mercado para transformar isso em um negócio milionário. Visto que esse formato se

Incansáveis

adapta ao atual crescimento exponencial da tecnologia e às constantes mudanças do mundo, a importância desses ecossistemas é enorme e será ainda maior no futuro.

Um dos mais populares relatórios dedicados ao tema é o *Global Start-up Ecosystem Ranking*.[35] Ele descreve os principais centros mundiais de empreendedorismo e a intensidade de cada um deles. Em 2017, esse documento relacionou os vinte ecossistemas de *start-ups* mais ativos do planeta.

1	Vale do Silício	11	Paris	
2	Nova York	12	Singapura	
3	Londres	13	Austin	
4	Pequim	14	Estocolmo	
5	Boston	15	Vancouver	
6	Tel Aviv	16	Toronto	
7	Berlim	17	Sidney	
8	Xangai	18	Chicago	
9	Los Angeles	19	Amsterdã	
10	Seattle	20	Bangalore	

Apesar de Estados Unidos e China dominarem o topo do ranking, é interessante observar que há *hubs* de *start-ups* em todo lugar. A rede social de mensagens instantâneas Snapchat foi criada dentro da Universidade de Stanford e depois se desenvolveu em Los Angeles. O Wix, uma

Vale do Silício como epicentro da mudança

famosa plataforma gratuita para construção de sites, surgiu em Tel Aviv. O Shazam, aquele aplicativo para identificar músicas desconhecidas, está localizado em Londres. Chicago é o local de nascimento do famoso site de compras coletivas Groupon. Bogotá é a origem do Rappi, serviço que entrega sob demanda qualquer coisa. E o HootSuite, um dos mais populares gerenciadores de mídias sociais, foi criado em Vancouver.

No Brasil, também temos excelentes casos de sucesso.[36] O comparador de preços Buscapé foi uma das primeiras grandes *start-ups* do país, vendida por 342 milhões de dólares em 2009. A Samba Tech, pioneira no mercado de distribuição de vídeos on-line, é considerada uma das *start-ups* mais inovadoras da América Latina. Easy Táxi é um sucesso em mais de trinta países. ContaAzul, sediada em Joinville e que possui um sistema de gestão para pequenas e médias empresas, foi destaque na revista Forbes. Nubank, que oferece serviços financeiros e cartões de crédito sem anuidade, foi a primeira empresa brasileira a receber aporte da Sequoia Capital, um dos mais conceituados fundos de investimento do Vale do Silício. Em 2018, ela se tornou unicórnio – nome dado às *start-ups* que valem 1 bilhão de dólares ou mais. Além dela, o serviço de entrega de alimentos iFood, o aplicativo de transporte 99 e as plataformas de pagamento PagSeguro e Stone também alcançaram esse valor de mercado no mesmo ano.[37]

Assim, tanto no Brasil quanto no exterior, os ecossistemas de *start-ups* se tornaram lugares extremamente cobiçados. Neles, estão os mais talentosos profissionais do mundo e os maiores investidores do planeta. Enquanto Wall Street era a meca dos negócios décadas atrás, o Vale do Silício e suas variações espalhadas pela Terra são o sonho de consumo dos novos empreendedores.

Empresas tradicionais vão em busca de inspiração

As grandes corporações reconheceram a importância da atividade empreendedora e da cultura das *start-ups* para a criação de inovações altamente disruptivas. Hoje, quase todas as empresas com alcance global possuem algum tipo de atividade no Vale do Silício ou em ecossistemas similares espalhados pelo mundo. Elas entenderam que a maioria das transformações do planeta tem surgido nesses lugares e começaram a se movimentar em direção a eles.

Essas organizações buscam novas ideias para melhorar seus negócios. Elas vão atrás de inspiração, aprendizado e melhores práticas. Seu principal objetivo é antecipar os ciclos de inovação e se manter competitivas por muito mais tempo. Há várias formas de elas participarem desses ecossistemas. Destaco quatro caminhos:

1. **Capital de risco corporativo:** esse termo, que vem do inglês *Corporate Venture Capital*, é usado quando uma corporação investe em *start-ups* que possuem modelos de negócios complementares ao seu. O objetivo é obter retorno financeiro (lucrar com o crescimento da *start-up*) e estratégico (acessar novos mercados ou desenvolver diferentes competências, por exemplo).

2. **Incubadoras:** grandes corporações podem criar ou patrocinar incubadoras, ou seja, ambientes que suportam o desenvolvimento de *start-ups*. Esses locais oferecem infraestrutura, espaço de trabalho e mentores que auxiliam o crescimento e a modelagem de novos negócios.

3. **Aceleradoras:** parecidas com incubadoras, as aceleradoras também fornecem financiamento em troca de uma participação acionária nas *start-ups*. O objetivo das corporações que mantêm aceleradoras e incubadoras é utilizar o *know-how* e a mentalidade inovadora das *start-ups* para desenvolver seus projetos.

4. **Centros de inovação:** muitas organizações abrem escritórios nesses ecossistemas e desenvolvem centros de inovação e pesquisa. O objetivo é estabelecer parcerias com empresas locais e absorver o talento tecnológico disponível nessas regiões para melhorar os seus produtos e serviços.

Vale do Silicio como epicentro da mudança

As grandes empresas precisam colocar a tecnologia a seu favor antes que a tecnologia acabe com elas.

Os exemplos são muitos. A companhia aérea norte-americana JetBlue, do mesmo fundador da brasileira Azul Linhas Aéreas, tem sede em Nova York. Em janeiro de 2016, a empresa abriu no Vale do Silício a JetBlue Technology Ventures, uma iniciativa para investir em *start-ups* de tecnologia, viagens e hospitalidade.[38]

O Los Angeles Dodgers, uma tradicional franquia do esporte norte-americano, equipe de beisebol fundada em 1883, abriu a sua própria aceleradora em 2015. O objetivo é desenvolver soluções que melhorem o gerenciamento do estádio, o recrutamento de atletas e o engajamento dos torcedores. A primeira edição do programa selecionou dez *start-ups* entre mais de seiscentas empresas inscritas. O lendário jogador de basquete Magic Johnson é um dos mentores.[39]

A Ford, uma das maiores responsáveis por desenvolver a indústria do automóvel de Detroit, foi abrir no Vale do Silício o seu centro de pesquisa e inovação para desenvolver novas tecnologias e veículos autônomos. General Motors, BMW, Honda, Hyundai, Mercedes-Benz, Nissan-Renault e Toyota também estão na região. Todas se valem da enorme quantidade de talentos disponíveis no Vale e do ecossistema incrivelmente criativo e transformador.[40]

A Intel Capital é o braço para investimentos em *start-ups* da tradicional Intel, enquanto a Unilever utiliza a Unilever Ventures. A Embraer possui um fundo aeroespacial que aplica em pequenas empresas. E a Samsung também investe em novos negócios.

Ou seja, de inúmeras formas, o mundo corporativo está acessando as *start-ups* e seus ecossistemas empreendedores. *As grandes empresas precisam colocar a tecnologia a seu favor antes que a tecnologia acabe com elas.* Por isso, é vital estar onde as principais inovações do mundo estão ocorrendo. Se uma tradicional organização não inovar, alguma *start-up* inovará por ela.

A **inovação** não surge mais do **trabalho isolado** em laboratório. Ela surge de **qualquer pessoa**, a qualquer hora, em qualquer lugar no **mundo inteiro**.

04 Empreendedores de "garagem" vão engolir corporações

Sedentarismo será engolido

A vida tem sido cruel com quem não evolui. Antigamente, profissionais medianos conseguiam se esconder atrás de um emprego estável. Status era algo importante. O título no cartão de visitas até representava alguma coisa. No entanto, não é mais assim que a banda toca.

O culto às posições hierárquicas perdeu força. Empresas que ainda valorizam isso se tornaram desinteressantes para os novos talentos. Ser gerente ou diretor não representa nada para quem quer transformar o mundo. As aspirações dessas pessoas vão muito além de um simples cargo.

Essa recente geração de visionários tem desafiado os tradicionais chefões da economia. Corporações que funcionam do mesmo jeito há anos dificilmente sobreviverão. Ou mudam, ou virarão história. *A reputação de uma marca não é sinônimo de longevidade.* Usar o passado para garantir o futuro afasta a inovação e estimula o sedentarismo, encorajando a atitude conformista de sustentar o presente em vez de construir o futuro.

Ainda assim, por mais que muitas corporações tentem evoluir, boa parte não conseguirá. É o ciclo natural de vida dos negócios. Criação, crescimento, maturidade, declínio e morte. São raríssimas as organizações que voltam a crescer depois de maduras. Por isso, independentemente da quantia que elas invistam para salvar seus negócios, muitas vão sumir. Não importa o seu tamanho. *Os maiores investidores do mundo têm recursos suficientes para fazer qualquer boa start-up engolir uma grande e poderosa organização.* Porte não significa nada.

É por isso, também, que o empreendedorismo será o agente transformador da sociedade. Não espere isso de governos ou nações. Quer mais atraso, burocracia e lentidão que o Estado? Cada vez mais o papel da União diminui e perde importância. No mundo inteiro é assim. O sedentarismo será combatido em todas as frentes e setores, públicos e privados.

A dificuldade das grandes corporações inovarem

Quando se trata de inovação, a maior parte das conversas é dominada pelas *start-ups*. Se você olhar para as recentes empresas que quebraram paradigmas e romperam com os tradicionais conceitos, a maioria delas eram *start-ups*. Apesar de Facebook, eBay e Uber serem hoje negócios já estabelecidos, eles revolucionaram o mercado quando ainda eram pequenos. Quando ainda eram *start-ups*.

Veja quatro razões que reforçam essa tendência:

1 Ideias disruptivas não estão no coração das grandes corporações

Uma *start-up* é essencialmente construída sobre uma ideia inovadora. Seu modelo de negócios deve ser único e diferente para ter apelo, pois o mercado já existe, várias empresas fazem parte dele e os clientes têm suas necessidades atendidas de alguma forma. Se a *start-up* não inovar em algum aspecto, fracassará. Por isso, elas são claramente movidas pela paixão da mudança.

Em contrapartida, ideias muito inovadoras, diferentes de tudo e disruptivas não estão no coração das grandes corporações. Elas não vivem para quebrar paradigmas e transformar o ambiente. As grandes corporações já estão estabelecidas, possuem um modelo de negócios, oferecem produtos e serviços, têm clientes, geram receita e produzem lucro. Seu foco direto *não* é criar projetos completamente novos, mas sim garantir que os atuais funcionem bem e buscar formas viáveis de melhorá-los.

As *start-ups* também são construídas em torno de um único objetivo. Visto que o negócio ainda não foi estabelecido, elas conseguem focar *toda* a sua energia no desenvolvimento de *uma* só ideia. Nenhum esforço é gasto com outra coisa. Não há dor de cabeça por outro motivo. Todas as horas do dia são gastas no desenvolvimento de um exclusivo e singular conceito. As grandes corporações, ao contrário, possuem inúmeras frentes, são grandes coleções de processos. A tentativa de inovar mistura-se com dezenas de outras atividades. Melhorar e buscar soluções realmente diferentes é apenas uma das suas várias preocupações do dia a dia.

A mentalidade inovadora das *start-ups* também é reforçada pela característica das suas equipes. Como elas desenvolvem algo bastante diferente e não têm garantia de sucesso, seus profissionais são pessoas que se arriscam de verdade. Pessoas dispostas a ousar e não ganhar dinheiro por um tempo para fazer o negócio crescer. O foco é muito mais com a causa do que com a grana. Já nas grandes empresas, a natureza é outra. Salário, carreira e benefícios formam o pacote de atrativos para encontrar as pessoas desejadas. Isso naturalmente atrai um perfil muito mais preocupado com estabilidade, solidez e segurança. E menos interessado em correr riscos e conviver com incertezas.

2 Inovação disruptiva exige mudar o modelo de negócios

Quando há oportunidade de inovar em determinado mercado, uma *start-up* simplesmente começa a trabalhar. Ela inicia do zero. Não tem nada a perder. Seu único foco é encontrar um *novo* modelo de negócio para viabilizar a ideia identificada, que pode alterar a dinâmica de um segmento inteiro da economia.

Em contrapartida, uma grande corporação precisa executar o seu *atual* modelo de negócios diariamente. Ela já tem clientes e precisa mantê-los satisfeitos. Dessa forma, não dá para mudar da noite para o dia, mesmo que uma nova e excelente oportunidade de mercado seja observada. Os consumidores existentes devem ser preservados e atendidos. E se eles amam a empresa, o risco de uma organização mudar por completo o modelo de negócios e desagradar esses clientes é enorme. Eles podem facilmente se decepcionar com o novo posicionamento.

Empreendedores de "garagem" vão engolir corporações

3 O problema da burocracia e de assumir riscos

Muitas corporações demoram a inovar para não assumir riscos. Realizar grandes movimentos dentro de estruturas já existentes é extremamente difícil. Um verdadeiro dilema. Você pode continuar fazendo a mesma coisa para manter o mesmo nível de faturamento. Ou arriscar perder uma fatia dessa receita para tentar ganhar mais lá na frente. Em contrapartida, uma *start-up* é tipicamente formada por um grupo pequeno de pessoas que não tem muito a perder, uma vez que o negócio ainda é pouco lucrativo.

Além do mais, a burocracia nas grandes organizações é um câncer. Um atraso que limita sua competitividade. Muitas empresas precisam passar por processos, papeladas e discussões para começarem a fazer alguma coisa. Já as *start-ups* simplesmente ignoram isso.

4 Mais focadas em otimizar do que em criar algo sem precedentes

É muito difícil para as grandes corporações criarem soluções altamente revolucionárias, que quebram paradigmas e mudam hábitos. Isso, porém, não significa que elas não possam ser inovadoras. Na verdade, para qualquer empresa sobreviver, é preciso aprimorar seus produtos e serviços continuamente.

A diferença é que as grandes organizações tendem a ser mais focadas em melhorar o que já fazem do que em desenvolver algo sem precedentes. Elas procuram formas de maximizar a sua participação de mercado por meio da *otimização* dos seus produtos ou serviços. E não por meio da *criação* de algo profundamente inovador que transforma toda uma indústria.

Por exemplo, Ford e GM são montadoras centenárias que otimizam continuamente os veículos, lançam novas versões e

É muito difícil
grandes empresas
romperem padrões de mercado
pois isso significa
romper com elas mesmas.

abusam da tecnologia para equipar seus produtos. No entanto, precisou vir a Tesla para romper por completo com essa tradicional indústria, criando carros elétricos de altíssima performance e vendendo diretamente pela internet. O modelo de negócios que elimina as concessionárias é tão inovador que a Tesla foi proibida de operar em alguns estados norte-americanos, numa tentativa desesperada dos sindicatos de proteger os vendedores de automóveis dessas regiões.

Isso também ocorreu nas operadoras de telefonia. Elas, que travam duras batalhas entre si para ganhar participação de mercado, viram surgir o WhatsApp. Com um modelo de negócios diferente, o aplicativo se transformou na dor de cabeça das gigantes desse setor.

Por tudo isso, é muito difícil uma inovação sem precedentes surgir de uma grande corporação. Quebrar paradigmas significa desafiar padrões. Considerando-se que essas empresas já fazem parte desses padrões, a dificuldade para elas romperem com elas mesmas é enorme.

Tradicional modelo de P&D é insuficiente

Tradicionalmente, as grandes empresas investem em Pesquisa e Desenvolvimento (P&D) para enxergar o futuro além do horizonte. Elas analisam a evolução do mercado, estudam as tecnologias emergentes e exploram o comportamento do consumidor para identificar novas oportunidades de negócios. A 3M é um exemplo clássico. A corporação centenária, que inventou a fita crepe e o Post-It, possui mais de 100 mil patentes registradas.[41]

No entanto, nas últimas décadas, a maioria das áreas de P&D se limitaram a fornecer inovações que protegem e prolongam a vida de produtos e serviços já estabelecidos. Elas focam em tornar melhor aquilo que já existe. No entanto, isso não é mais suficiente. A capacidade de as organizações anteciparem novos modelos de negócios é limitada e lenta, enquanto o ritmo dessas inovações disruptivas é cada vez maior e mais rápido.

Assim, o modelo atual de P&D praticado pela maioria das empresas é cada vez menos capaz de atender as necessidades de inovação de que elas precisam. Ele perdeu relevância, uma vez que muitas corporações já investem mais dinheiro em *start-ups* (para resolver seus problemas) do que nos próprios departamentos de P&D.

A seguir, quatro fatores que motivam essa perda de relevância dos departamentos de P&D e o crescimento no investimento em *start-ups*.

1 **É difícil acompanhar a tecnologia:** o modelo de P&D existente não consegue acompanhar o ritmo de evolução exponencial da tecnologia. A velocidade dos avanços é sem precedentes na história e não mostra sinais de estabilização.

2 **A inovação é criada em qualquer lugar do mundo:** uma área de P&D, sozinha, não consegue lidar com o fato de que a inovação disruptiva é hoje criada por milhares de *start-ups* ao redor do mundo. Essas pequenas empresas não estão necessariamente dentro de laboratórios de pesquisa. Elas estão em todo lugar!

3 **Abundância de capital possibilita a formação de mais *start-ups*:** o modelo tradicional é lento para responder às rápidas mudanças de hoje, independentemente de quanto as grandes corporações estão dispostas a investir em P&D. A abundância de capital de investidores institucionais e privados permite a criação de mais e mais *start-ups* que constantemente transformam as dinâmicas do mercado. E o nosso mundo hiperconectado se encarrega de espalhar depressa os seus efeitos para todo o planeta.

4 P&D é demorado para determinar aderência de mercado: é difícil para uma área de P&D avaliar a aderência de novas tecnologias enquanto a empresa ainda precisa focar em seus clientes. Metodologias como *Lean Start-up* (do livro *A start-up enxuta*, de Eric Ries[42]) que defende a criação de protótipos rápidos para validar suposições de mercado, e *Minimum Viable Product*, que será detalhada neste livro, permitem às *start-ups* interagir facilmente com o mercado e encontrar os ajustes que precisam ser feitos de forma simples e rápida.

Visto a crescente importância da inovação para guiar o crescimento das empresas, é evidente que elas precisam evoluir suas estruturas de P&D, buscar alternativas mais atuais e reinventar as estratégias de diferenciação. Só assim poderão fazer frente à competição que surge de todos os lados.

05 O movimento não tem volta

Ecossistema de *start-ups* é uma combinação explosiva

Essa nova forma de construir impérios veio para ficar. Empresas não são criadas como antigamente. Negócios não se promovem mais como nos velhos tempos. Quando você pensa em "grandes corporações", as imagens que vêm à mente em geral são de imponentes escritórios, pesadas estruturas, ambientes formais, hierárquicos e burocráticos. Existem exceções, mas esse é o estereótipo da maioria das empresas de sucesso do passado.

Hoje, negócios vencedores não são assim. Na verdade, muitos são o oposto disso. *Start-ups* leves e informais desafiam os padrões engessados da tradicional indústria. E o ambiente onde elas estão inseridas é uma verdadeira combinação explosiva. Um ecossistema único. Um formato difícil de parar e de competir. Isso acontece por uma série de motivos, mas sobretudo por três ingredientes:[43]

1 **Rebelião**: empreendedores visionários afrontam os padrões existentes. Pessoas incrivelmente talentosas, que rejeitam o corporativismo, só querem saber de mudar o mundo, quebrar barreiras e transformar a sociedade. Se quisessem seguir as regras do jogo, inovariam dentro das corporações já existentes, onde seriam muito bem pagos e acessariam muito mais recursos. O que querem, porém, é justamente implodir esses velhos padrões para estabelecer novos.

2 **Conhecimento**: o *know-how* técnico e estratégico necessário para erguer projetos inovadores e romper com a tradicional indústria é imenso. Apesar do sedentarismo, as grandes corporações estão enraizadas na sociedade. É preciso reunir muita gente boa e acima da média para desafiá-las. E o ecossistema das *start-ups* consegue isso. A característica disruptiva e sem precedentes desses negócios e a vontade imensa de dominar o mundo faz os mais brilhantes profissionais se aproximarem naturalmente desse cenário.

3 **Capital**: investidores ousados, dispostos a correr riscos e investir em novas ideias injetam milhões nas *start-ups*. Eles conhecem o potencial desses negócios e despejam baldes de dinheiro nisso, mesmo sabendo que muitas dessas novas empresas vão falhar. É esse fôlego financeiro que promove a "rebelião", que tira os empreendedores do anonimato e faz uma empresa de fundo de quintal competir de igual para igual com qualquer tipo e tamanho de organização.

Rebelião, conhecimento e capital formam o tripé avassalador que está transformando o nosso mundo.

Assim, *rebelião, conhecimento e capital formam o tripé avassalador que está transformando o nosso mundo*. Somada a isso, há também a inclusão. Antigamente, essas mentes brilhantes de "garagem" não tinham voz, ficavam isoladas e muitas acabavam desistindo dos seus sonhos para seguir uma carreira executiva. Não havia muita saída. Sem internet ou redes sociais, tudo era mais difícil. Hoje, porém, esses talentos são facilmente acessados. Centros de empreendedorismo virtuais e presenciais surgiram para fomentar novos negócios, oferecendo condições e dinheiro para acelerá-los.

Ecossistemas movidos *apenas* pelo capital costumam ser dominados por recursos naturais ou algum tipo de estrutura altamente demandada. Pense nos países do Golfo Pérsico, ricos em petróleo. Ou no Canal do Panamá, usado pelo mundo inteiro. Nesses lugares, o *know-how* não é recompensado e a rebelião é reprimida. E se você adicionar conhecimento a esses mercados, a inovação tende a se concentrar dentro das atuais empresas, pois não há ousadia para quebrar os padrões existentes.

Ambientes *apenas* com conhecimento, sem rebelião e capital de risco, tornam-se economias de contrato. A melhor maneira de criar valor é vender o *know-how* dos seus profissionais para empresas estrangeiras. Isso é o que a Índia fez por muito tempo (hoje o país já mudou bastante), vendendo o trabalho dos seus programadores para clientes de outros países. E se você adiciona rebelião a esses lugares, grandes ideias surgem e desaparecem muito rápido, pois há carência de recursos para financiá-las. Os empreendedores tendem a desistir dos seus sonhos ou ir para outros mercados.

E quando há *somente* rebelião, desacompanhada de capital e conhecimento, criam-se as economias de subsistência. Nelas, a vontade dos visionários costuma ser expressa de outras formas, como movimentos políticos, ativismo social e criação artística. Isso até impulsiona algumas mudanças, mas não ajuda a construir grandes negócios. Se adicionarmos capital a esse cenário, criamos um ecossistema essencialmente financeiro, carente de instituições inclusivas e concentrado nas mãos de poucos. Um punhado de ricos valendo-se da falta de *know-how* do povo não faz uma região prosperar.

Quando, porém, rebelião, conhecimento e capital se juntam, forma-se uma economia empreendedora. Um ambiente altamente dinâmico que faz as pessoas melhorarem a cada dia. Não é à toa que as *start-ups* nasceram no Vale do Silício. Uma região onde há abundância de capital de risco, bem como *know-how* privilegiado graças à presença de respeitadas universidades e centros de inovação e tecnologia, além de uma mentalidade de rebelião exercida há décadas, que busca romper padrões e pensar diferente.

A Quarta Revolução Industrial

Está claro que existe um conflito. De um lado, o modelo tradicional de organização tenta se manter. Do outro, as *start-ups* não param de evoluir. No entanto, esse choque de culturas é normal, pois vivemos um período de transição que mudará profundamente a maneira como trabalhamos e nos relacionamos. Em todos os aspectos, essa transformação será diferente de tudo o que a humanidade já viu.

Estamos migrando da Terceira para a Quarta Revolução Industrial.[44] A Primeira Revolução Industrial usou vapor para mover máquinas. A Segunda empregou energia elétrica para fabricar bens de consumo em massa. E a Terceira usou computadores para automatizar os meios de produção. Já a Quarta Revolução Industrial ocorre pela fusão de várias diferentes tecnologias (como inteligência artificial, *big data* e outras já citadas neste livro) para criar soluções únicas e transformadoras, capazes de provocar devastadoras mudanças nos atuais modelos de negócios e mercados de trabalho.

A velocidade dos atuais avanços, por exemplo, não tem precedentes históricos. Comparando com os movimentos anteriores, essa Quarta Revolução evolui em ritmo exponencial. As inovações disruptivas estão alcançando quase todas as indústrias em todos os países (já há Airbnb até em Cuba). E a amplitude dessas mudanças impacta sistemas inteiros de produção, gestão e governança.

Dessa forma, a migração da simples computação (Terceira Revolução) para a fusão de diferentes tecnologias (Quarta Revolução) está forçando empresas a reexaminarem suas formas de trabalho. Líderes empresariais, executivos e empreendedores buscam compreender o ambiente em transformação, confrontar os vícios do passado e inovar implacavelmente para sobreviver.

Assim, fechamos a análise do cenário, e a leitura agora será outra. Mostrarei como o Vale do Silício desenvolveu uma proposta para isso. Um método diferente de criar empresas. Uma maneira simples, sem a papelada da tradicional indústria. Um formato enxuto, que permite rápida escala, e também flexível, que se adapta às rápidas transformações do planeta. Desse jeito são as *start-ups*. E delas nasceram as maiores e mais valiosas empresas do mundo atual.

Nos próximos capítulos, você saberá como criar qualquer projeto, negócio ou empresa usando as técnicas vencedoras do Vale do Silício. Desde a identificação de uma boa ideia, passando pela construção do time e da cultura, até chegar na apresentação para clientes e investidores.

COMO OS
INCANSÁVEIS
CRIAM
OPORTUNIDADES

06 Deixe-se inspirar pelo empreendedorismo do Vale do Silício

Motorista *versus* Passageiro

O Vale do Silício e toda a zona metropolitana de São Francisco é um universo empreendedor, criativo e muito inovador. O que se vive nesse lugar é inspiração para qualquer pessoa, independentemente de sua profissão, carreira ou trabalho. Um lugar de incansáveis, de gente com fome de mudar o mundo, transformar a sociedade global e redefinir o curso da história em vez de apenas fazer parte dela.

Imagine você na direção de um carro. Suas mãos estão no volante e seus pés nos pedais. Se quer ir mais rápido, você pisa no acelerador. Se quer parar, pisa no freio. Dá também para virar à direita ou à esquerda. Na verdade, é possível fazer qualquer coisa, pois *você* está no comando. Agora, lembre-se das vezes em que está sentado no banco do carona. Já não viveu aquela situação em que o motorista era um barbeiro? Aquela vontade de assumir a direção, mas só poder ficar olhando? Ou de querer ir para um lado e ele optar por outro?

Pense um pouco nisso e tente saber em que banco do carro você está sentado. *Você é motorista ou passageiro da sua vida?* Você está no comando ou deixa os outros comandarem? Você escolhe os caminhos de que gosta ou se satisfaz com qualquer um?

Pois bem, geograficamente falando, o Vale do Silício é um pedaço de terra como outro qualquer, que é até assolado por ocasionais terremotos. Não há nada de especial nisso. O diferencial é que ele concentra vários "motoristas" juntos. Várias pessoas apaixonadas fazendo o que gostam, trabalhando o tempo todo com garra, energia e entusiasmo. Incontáveis malucos, movidos pela paixão que corre em suas veias, criando um ambiente incrivelmente positivo capaz de achar solução para quase tudo.

Se você é motorista, ótimo! A leitura a seguir será adrenalina pura e lhe ajudará a construir qualquer coisa. Se você é passageiro, deixe-me perguntar: *quanto estão lhe pagando por mês para você desistir dos seus sonhos?* É bastante o suficiente para valer a pena? Pense nisso, reflita sobre o assunto e use a inspiração deste livro para motivar-se a fazer aquilo de que realmente gosta.

O Vale começou muito antes de ser Silício

É surpreendente como uma região tão pequena consegue impactar a rotina do mundo inteiro e influenciar o comportamento da sociedade global. Entre os oitenta quilômetros que separam as cidades de São Francisco e São José, as duas principais extremidades dessa área, surgiram produtos e serviços que transformaram para sempre tudo o que fazemos.

Difícil você não conhecer pelo menos algumas das empresas como HP, Intel, Apple, Oracle, Adobe, Cisco, Yahoo, eBay, Netflix, Google, PayPal, LinkedIn, GoPro, Tesla, Facebook, YouTube, Twitter, Airbnb, Uber e tantos outros negócios criados por empreendedores que se espremem nesse pequeno espaço de terra.

Coincidência? Acaso? Não, muito pelo contrário. As pessoas desse lugar fazem da inovação um hábito, um exercício diário das suas vidas. E isso não é de agora. A descoberta de ouro, que atraiu milhares de desbravadores para os arredores de São Francisco em 1849, é considerada um dos principais eventos responsáveis por influenciar esse ímpeto empreendedor da região.

Levi Strauss, fundador da Levi's, criou o jeans em São Francisco em 1871.[45] Pesquisadores locais estão por trás da descoberta de pelo menos dezesseis elementos químicos da atual tabela periódica,[46] além de participarem da criação da vacina contra a gripe, durante a Segunda Guerra Mundial, e de inventarem a atual roupa de mergulho, em 1952, usada por surfistas e praticantes de esportes aquáticos em geral.[47]

Ou seja, muito antes da tecnologia, a região já era berço de inovações que impactavam o mundo inteiro. Os *forty-niners*, como foram chamados os aventureiros que desembarcaram no local atrás do ouro, eram em grande parte estrangeiros. Da China, por exemplo, partiram tantas pessoas que hoje a Chinatown de São Francisco é uma das maiores comunidades chinesas fora da Ásia.

Esse movimento em massa de imigrantes deixou uma marca expressiva: atualmente, quase 40% da população do Vale do Silício é composta por estrangeiros. Nos Estados Unidos, esse número é de 13% e no Brasil não chega a 1%. Ou seja, sentar para discutir um problema em uma mesa cheia de nacionalidades diferentes é mais do que comum na região mais inovadora do mundo.

Assim, a herança do empreendedorismo e da diversidade cultural, somada ao ambiente incrivelmente favorável ao surgimento de novos negócios, faz do Vale esse lugar que é. *Uma região que tem a audácia de permanentemente acreditar que pode mudar o mundo.* Um MBA a céu aberto capaz de absorver com rapidez as necessidades das pessoas, criar novos ciclos de evolução e impactar de modo positivo a sociedade global.

O conto da estabilidade

Cresci ouvindo que estabilidade era ter emprego. Ser assalariado, ter carteira assinada e viver de contracheque todo fim de mês. Não tenho nada contra isso. Meus pais foram funcionários públicos a vida inteira. Tenho colegas no governo ou que seguem carreira em grandes corporações. Contudo, uma vez que grandes empresas podem demitir, que o governo às vezes não tem dinheiro para pagar seus servidores e que concursados podem ser dispensados, *a estabilidade não existe.*

A crise econômica mundial de 2008 fez a Grécia aprovar um plano para demitir mais de 100 mil funcionários públicos.[48] Eles eram protegidos pela Constituição. Mas quando o bicho pega, não há lei que segure. Mudaram a lei e o governo demitiu em massa. E não se iluda que isso não pode acontecer no Brasil. É lenda pensar que ainda há garantia de emprego para o resto da vida.

Por isso, quando ouço que o empreendedor não tem estabilidade, pergunto: e o empregado tem? Empreender e viver de salário compartilham os mesmos riscos. Na hora do aperto, porém, enquanto o desempregado compartilha nas redes sociais que busca recolocação profissional, o empreendedor escreve para seus amigos sobre o novo negócio que criou. Um corre atrás de oportunidades. Outro as cria. Essa é a diferença.

O Vale do Silício é uma terra que atrai criadores de oportunidades. A mentalidade local é fortemente orientada a risco, ousadia e audácia. Não se fala em estabilidade. Muito menos em vaidade e requinte. Quem desembarca na região com esse tipo de pensamento não dura.

Quando completei 18 anos, juntei minhas economias e comprei meu primeiro carro. Que momento inesquecível! Realizei um sonho de garoto. No entanto, quando converso com os jovens do Vale do Silício, ninguém pensa nisso. Muitos sequer aprendem a dirigir. O número de carteiras de motorista emitidas na região diminui ano após ano. É nítido ver que os valores e sonhos da juventude são outros. Com a mesma idade que eu queria meu carro, os jovens do Vale querem mudar o mundo.

A região também me ensinou que terno e gravata não significam nada. Jeans e camiseta formam o traje para tudo. Mulheres não usam salto. Eventos chiques têm apenas pizza e cerveja. E o chão é tão adequado para sentar quanto uma cadeira. O verdadeiro status é aquele que existe dentro de você: seu conteúdo, suas ideias, sua capacidade de inspirar. Isso é o que importa. É engraçado como uma das regiões mais ricas do planeta cultiva hábitos simples e ostenta muito pouco.

O *Buck's of Woodside*, por exemplo, é um restaurante local famosíssimo. Apesar de ser um lugar comum e corriqueiro, sem requinte nenhum, é um dos preferidos para realizar negociações milionárias. Das primeiras apresentações do PayPal à incorporação do Hotmail, vários momentos da história da tecnologia aconteceram nele. James MacNiven, empreendedor que largou a construção civil para abrir o estabelecimento em 1991, conta que Steve Jobs foi um dos poucos ícones que nunca pisou ali, pois os dois brigaram nos anos 1980 depois que Jobs contratou MacNiven para reformar sua casa.[49] Imagine o barraco!

No entanto, além de valorizar essa espontaneidade das relações, o Vale do Silício é uma sociedade que sabe conviver com as diferenças. A região foi berço do movimento hippie mundial. São Francisco é considerada a capital do orgulho gay. Maconha é um tema abertamente discutido. E a política regional é bastante receptiva a ideias malucas e revolucionárias, tais como usar células vivas do nosso corpo para produzir partes humanas com impressoras 3D, ou criar projetos para habitar o planeta Marte, ou ainda autorizar carros autônomos a rodar pelas ruas.

Tudo isso mostra porque o Vale atrai tantos criadores de oportunidades, tanta gente fantástica, talentosa e acima da média; profissionais que não se conformam com a mesmice das coisas. E tantas pessoas

O verdadeiro status
é aquele que existe
Dentro e não Fora
de você.

excepcionais que se preocupam com grandes causas em vez de perderem tempo com o conto da estabilidade, dos bens materiais e do requinte. Empreendedores e assalariados compartilham as mesmas incertezas. E já faz tempo que ter um emprego não é sinônimo de porto seguro.

As Regras da Garagem

Se você quer montar qualquer coisa na vida, não tem de complicar. Esse é um ensinamento básico do Vale do Silício. Não complique, faça o simples! Simples de falar, simples de desenhar, simples de mostrar. *O simples convence!* Algo simples fascina, seduz e cativa qualquer um.

A Hewlett-Packard (HP) foi uma das primeiras *start-ups* de tecnologia do Vale do Silício. Fundada em 1939 dentro de uma garagem, seu estilo de gestão influenciou todos os negócios que surgiram na região. O que aconteceu entre aquelas quatro paredes é hoje conhecido como as Regras da Garagem da HP, um verdadeiro guia para gerenciar de forma simples e ambiciosa qualquer tipo de projeto.[50] São elas:

- Acredite que você pode mudar o mundo.
- Trabalhe rápido, mantenha as ferramentas à mão, trabalhe sempre.
- Saiba quando trabalhar sozinho e quando trabalhar em grupo.
- Compartilhe ferramentas e ideias, confie em seus colegas.
- Sem política, sem burocracia. Isso é ridículo em uma garagem.
- O cliente define um trabalho bem feito.
- Ideias radicais não são ideias ruins.
- Invente diferentes formas de trabalhar.
- Faça uma contribuição por dia. Se ela não agregar valor, ela não sai da garagem.
- Acredite que juntos podemos fazer qualquer coisa.
- Invente.

William Hewlett e David Packard se conheceram em 1934 ainda como estudantes. Ambos eram fanáticos por engenharia eletrônica e passavam a maior parte do tempo no laboratório de Frederick Terman, professor da Universidade de Stanford.

Depois da formatura, a dupla se mudou para a costa leste norte--americana. No entanto, Terman não queria que seus alunos fossem funcionários de empresas estabelecidas por lá. Pelo contrário, ele os encorajou a voltar e montar uma empresa de eletrônicos em Palo Alto, cidade situada dentro da região que seria conhecida como Vale do Silício.

Eles aceitaram a ideia e voltaram. Reunidos em uma garagem em 1938, criaram o primeiro produto: um oscilador de áudio, equipamento muito usado para fazer testes de som. Como o custo de produção era muito baixo, eles arbitrariamente definiram que seu preço seria de 54,40 dólares em referência à linha de latitude que estabeleceu a fronteira noroeste dos Estados Unidos décadas atrás. A primeira grande venda foi para os estúdios de Walt Disney, que compraram oito unidades para seus filmes de animação.

Em 1939, a dupla formalizou parceira. Interessante que rolou uma dúvida: Hewlett-Packard (HP) ou Packard-Hewlett (PH)? Nada de pensar muito. Pegaram uma moeda, fizeram cara ou coroa e deu HP.[51] Depois disso, a ascensão da empresa foi intensa e logo ela se tornaria uma das líderes mundiais em diversos setores, como o de impressoras.

Deixe-se inspirar pelo empreendedorismo do Vale do Silício

O simples convence!

07 O que são *Start-Ups*

Empresa *start-up versus* empresa tradicional

As empresas do Vale do Silício surpreendem o mundo pela sua velocidade de crescimento. Elas, na verdade, são feitas para crescer rápido e já nascem com esse objetivo. Não é sorte ou acaso. É consequência de um modelo de negócios com essa finalidade.

Esses empreendimentos são chamados de *start-ups* e hoje são vistos em vários países, inclusive no Brasil. Primeiramente, vale deixar claro que *start-ups* não são versões reduzidas de empresas tradicionais, sejam elas pequenas, médias ou grandes. Existem diferenças entre ambas.

Empresas tradicionais são organizações que vendem produtos ou serviços em troca de receita e lucro. Elas executam um modelo de negócios, pois já encontraram a fórmula de serem lucrativas e usam o resultado da operação para avaliar a sua eficiência. Pense na Coca-Cola, por exemplo, que vende refrigerantes e outras bebidas. Ou no mercado de artigos esportivos, que tem Nike, Adidas e Reebok. Ou ainda no armazém da sua esquina, que vende produtos para a comunidade local dentro de um ambiente relativamente previsível.

Já *start-ups* são organizações que buscam crescer rápido por meio de um modelo de negócios escalável, repetível e capaz de provocar grande impacto na sociedade. Elas ainda não têm uma fórmula para gerar resultado. São empresas à procura de um formato de crescimento sustentável que em geral atuam em ambientes novos ou incertos.

Quer dizer então que elas são empresas temporárias? Sim. *O sonho de toda* start-up *é deixar de ser start-up um dia*. Ao encontrar um modelo de negócios e se estabelecer no mercado, a empresa perde a condição de *start-up*, mesmo que o espírito de "garagem" ainda faça parte da sua cultura. O Airbnb, por exemplo, já foi uma *start-up*. Não é mais. Apesar de os hábitos de *start-up* ainda serem vistos na sua sede em São Francisco, hoje é uma grande empresa com um modelo de negócios bem definido e consolidado.

Há três conceitos que definem uma *start-up*:

1 **Escalabilidade**: ser escalável é permitir que o seu produto ou serviço possa ser consumido por muita gente, em qualquer lugar, em pouco tempo. Pense no Twitter ou Instagram. Logo que foram lançados, puderam ser consumidos pelo mundo inteiro rapidamente. Da mesma forma como o Netflix. Seu modelo escalável de distribuir filmes e séries de televisão via *streaming* permitiu à empresa conquistar 75 milhões de assinantes em mais de 190 países.

2 Repetitividade: ser repetível significa oferecer algo que pode ser consumido frequentemente pelo mesmo cliente mais de uma vez. O Google é um bom exemplo. Você não usa apenas uma vez, mas várias vezes. Faz parte da sua rotina. Da mesma forma como o Facebook: quantos acessos você faz por dia? Ou ainda LinkedIn, eBay, PayPal. Todos oferecem o mesmo conceito. Em contrapartida, pense agora em uma empresa que fabrica jogos infantis: quantas vezes um pai compra o mesmo jogo para o filho? Ou quantas vezes uma mulher compra um vestido de noiva? Essa é a diferença entre produtos que têm repetitividade e os que não têm.

3 Impacto social: uma *start-up* precisa fazer algo que transforme a vida das pessoas. Easy Táxi e Uber, por exemplo, mudaram a nossa rotina e simplificaram a tarefa de encontrar uma condução nas grandes cidades. O YouTube facilitou o compartilhamento de vídeos em formato digital. O Waze nos tira de congestionamentos e sugere atalhos para chegar mais cedo em casa. O WhatsApp faz alguém do Japão parecer nosso vizinho! Isso é impacto social. Quanto mais forte ele for, mais apelo uma *start-up* terá.

Nas minhas conversas no Vale do Silício, esses três itens são constantemente abordados. Certa vez, um investidor me disse que sua atenção dobra quando alguém lhe apresenta uma proposta que preenche com clareza esses três pontos. Se você quer criar algo novo, ou oferecer uma solução melhor para algo já existente, lembre-se disso.

Lembre-se também que o trabalho em uma *start-up* é encontrar e definir um modelo de negócios. É uma tarefa de pesquisa e descoberta. Uma atividade árdua de entender qual a melhor forma de entregar o produto ou serviço, quem é o cliente, que segmento será escolhido, qual o melhor canal de distribuição, quanto cobrar, como cobrar, quais parcerias são possíveis estabelecer e tudo mais que faça sentido para a proposta de valor da empresa.

Muitas vezes, o trabalho consiste em jogar meses de dedicação para o alto e refazer tudo de novo, pois *o protótipo inicial de uma start-up quase nunca é o seu produto definitivo.*

Agora veja isso. Sabe quantos funcionários o Instagram tinha quando foi comprado pelo Facebook em 2012 por 1 bilhão de dólares? Pois bem, dezesseis! Isso mesmo, apenas dezesseis pessoas. Menos que dois times de futebol juntos. Esse é um exemplo clássico de *start-up* que ilustra bem as suas características.

Feitas para crescer rápido

Certa vez conversei com uma colega búlgara sobre empreendedorismo. A Bulgária é uma pequena nação europeia com pouco mais de sete milhões de habitantes. Pelo fato de o mercado interno ser limitado, a maioria das *start-ups* lá criadas já nascem prontas para atuar fora do país. Isso naturalmente força a busca por modelos de negócios que permitem rápido crescimento. Assim, elas conseguem avançar com rapidez quando surgem oportunidades de expansão para além das fronteiras.

Na cultura norte-americana ocorre o mesmo. Os empreendedores do Vale do Silício não querem apenas um modelo de negócios rentável, mas sim soluções escaláveis. Querem negócios que possam ser consumidos não só no Vale do Silício, mas em qualquer lugar do mundo. Isso não quer dizer que uma *start-up* deve, obrigatoriamente, atender várias cidades, estados ou países. Várias delas são muito bem-sucedidas trabalhando só um mercado. Mas ao construir um modelo escalável, você não precisará reorganizar sua empresa e refazer seus processos sempre que aparecer uma chance de atuar fora do seu local de origem.

O Airbnb é um bom exemplo de crescimento rápido. A empresa, criada em 2008, permite que indivíduos aluguem as próprias casas para

O protótipo inicial de uma start-up quase nunca é o seu produto definitivo.

viajantes a trabalho ou lazer. O negócio, dessa forma, compete diretamente com hotéis e outros serviços de locação de imóveis. Em pouco tempo, ele ultrapassou Hilton, Marriott e Hyatt e se tornou a maior rede hoteleira do mundo. Como isso é possível?

Bem, a chave do sucesso está em seu modelo de negócios altamente escalável. Proprietários do mundo todo conseguem disponibilizar seus imóveis para alugar em poucos minutos. São centenas de novos quartos adicionados todos os dias à rede do Airbnb sem nenhum custo para a empresa. Em contrapartida, imagine o que o Hilton precisa fazer para adicionar novos quartos à sua rede. Pense em atividades como escolher um terreno, construir o prédio, contratar pessoas e treinar a equipe. Isso não se faz da noite para o dia. Isso requer estudo, tempo e dinheiro.

Essa é a diferença. Não me surpreende que o Hilton, desde a sua criação em 1919, tenha construído 750 mil quartos em cem países, enquanto o Airbnb, em apenas oito anos, alcançou o dobro de leitos (um milhão e meio) em 190 nações do mundo. Não estou aqui dizendo que um negócio é melhor ou pior que o outro, mas apenas que um desses modelos permite chegar a muitos lugares em pouco tempo.

No Brasil, pelo fato de o nosso mercado consumidor ser enorme, de termos a quinta maior população do mundo e de enfrentarmos a barreira da língua, que dificulta a conversa com países vizinhos, há uma tendência natural e cultural de as empresas brasileiras serem focadas no público interno. E isso é ótimo! Temos excelentes oportunidades em nosso país. Quando, porém, a chance de ir para o exterior aparece, a dor de cabeça costuma ser enorme para internacionalizar a operação. Geralmente, um novo projeto é desenvolvido, sistemas são adaptados e tudo demora meses para acontecer.

As *start-ups* mostram, no entanto, que se você construir uma empresa do zero planejando um modelo escalável de crescimento, *a expansão da sua operação passa a ser uma evolução natural do negócio e não um novo processo de aprendizagem*. Essa é uma das principais características das *start-ups* que as diferenciam das tradicionais empresas.

A expansão de uma empresa deve ser uma evolução natural do negócio e não um novo processo de aprendizagem.

Veja o exemplo do Easy Táxi, aplicativo para solicitar táxis pelo celular. A *start-up* brasileira foi criada em 2011 e cinco anos depois já operava em trinta países e 420 cidades. Ela começou no Rio de Janeiro, expandiu para outros estados e rapidamente alcançou o país. Quando surgiu a possibilidade de ir para o exterior, tudo estava quase pronto. Não foi preciso se reinventar. Foi uma evolução natural graças ao seu modelo escalável de negócios.

Na Europa, é comum as crianças de 2 a 5 anos aprenderem a andar de bicicleta com aquele modelo geralmente de madeira, sem pedal, rodinhas e freio. Ao mesmo tempo em que andam, adquirem equilíbrio e autocontrole. Tudo de uma só vez. Já com as bicicletas tradicionais, comuns no Brasil, primeiro a criança aprende a andar com as rodinhas. Depois, quando as rodinhas são retiradas, ela aprende a ganhar equilíbrio. São dois processos de aprendizagem. Primeiro um, depois o outro.

Start-ups são como as bicicletas de madeira. Uma vez que se aprende a andar, se está apto a evoluir para qualquer lugar. Já nas bicicletas tradicionais, que se assemelham às tradicionais empresas, para cada evolução que se pretende dar, é preciso reaprender o processo, desenvolver novas habilidades e testar inúmeras possibilidades até achar a melhor maneira de fazer aquilo realmente bem.

De um dormitório para o mundo

Em 2003, quando ainda estava no segundo ano da Universidade de Harvard, Mark Zuckerberg criou o Facemash, um programa que permitia aos estudantes avaliarem a atratividade dos seus colegas. Fotos de dois alunos eram apresentadas lado a lado e o sistema perguntava qual deles era o mais atraente.[52]

Zuckerberg acessou áreas protegidas da rede de computadores de Harvard para obter essas fotos. Logo nas primeiras quatro horas após o lançamento, o programa foi acessado por 450 pessoas. O rápido sucesso, porém, chegou à administração de Harvard. A instituição bloqueou o site e ameaçou expulsar Zuckerberg por violar as regras da universidade. Dias depois, as acusações foram retiradas.[53]

Passada a confusão, em 2004 ele fez outro site. Como muito se falava em Harvard sobre existir um diretório restrito aos alunos que pudesse ser acessado de computadores, ele criou e lançou o Thefacebook. A demanda era tão grande que mais da metade dos estudantes da graduação se registraram no serviço em menos de um mês. Foi nessa época que o brasileiro Eduardo Saverin, juntamente com outras pessoas, começou a apoiar o site.

Rapidamente, o serviço se expandiu para outras universidades americanas e chegou aos ouvidos de muita gente. Sean Parker, cofundador do Napster, aquele famoso programa que permitia a troca on-line de músicas entre as pessoas, foi um deles. Durante um almoço com Zuckerberg, ele o convenceu a se mudar para Palo Alto, no Vale do Silício, e alterar o nome de Thefacebook para apenas Facebook.[54]

Em 2005, já no Vale, Zuckerberg encontrou os primeiros investidores e comprou o domínio facebook.com por 200 mil dólares. O site se expandiu para 25 mil universidades do mundo inteiro, além de escolas e empresas. Em 2006, enfim, seu cadastro foi aberto para qualquer pessoa e o número de usuários registrados rapidamente atingiu 12 milhões.

A partir daí, você já deve conhecer bem a história. É importante observar como Zuckerberg foi hábil em traduzir os anseios dos alunos e rápido em criar a solução. A primeira versão do site foi desenvolvida em menos de um mês. Além disso, ele trabalhou muito bem o nicho universitário antes de dominar o mundo. Isso é muito comum nas *start-ups*. O capítulo 9 fala mais só sobre isso. Primeiro você faz tudo que pode ser feito para entregar o melhor produto para poucos clientes. Depois você expande.

Zuckerberg tinha 23 anos quando se tornou o bilionário mais jovem da história a construir sua fortuna por conta própria. Segundo a Forbes, ele passou a fazer parte desse seleto grupo de pessoas em 2008, quando seu patrimônio líquido foi avaliado em 1,5 bilhão de dólares.[55]

Em 2011, o Facebook passou a ocupar os prédios da Sun Microsystems, antiga gigante da tecnologia, que já chegou a ser uma das maiores do mundo, mas que entrou em colapso e foi vendida. O curioso é que Zuckerberg não removeu a placa da Sun na entrada da empresa. Ele simplesmente a virou, colocou a marca do Facebook na frente e manteve a da Sun atrás. O objetivo foi lembrar seus funcionários o que acontece quando você está no topo e subestima importantes decisões estratégicas do negócio.

Em 2012, a empresa comprou o Instagram. Em 2014, adquiriu o WhatsApp. Em abril de 2016, com um valor de mercado de quase 340 bilhões de dólares e sendo uma das dez marcas mais valiosas do mundo segundo a Forbes,[56] Zuckerberg anunciou que o Facebook tinha alcançado 1,65 bilhões de usuários ativos por mês.[57] Ou seja, nesse período, mais de 20% das pessoas do planeta acessavam o aplicativo a cada trinta dias. Números incríveis para quem começou dentro de um dormitório de universidade.

A dedicação exigida é total

Todo mundo quer criar negócios que cresçam depressa e se transformem em grandes empresas. No entanto, qual é o caminho? Este livro aborda áreas em que você precisa se destacar para maximizar suas chances de sucesso. Todas elas dependem apenas de você. Quanto mais focar nisso, menos dependerá de sorte, acaso ou fatores fora do seu alcance.

Começar uma *start-up* é como iniciar qualquer projeto. Exige esforço, disciplina e dedicação extrema. Alguns negócios terminam por cometerem erros estratégicos ou de percurso. Contudo, por incrível que pareça, grande parte das falhas ocorre pela simples falta de dedicação. Quantas *start-ups* nascem e morrem e você nem fica sabendo? É aquela típica situação em que dois caras se juntam, começam a trabalhar em um projeto paralelo quando dá, não avançam e gradativamente se dispersam. Essa é a elite das falhas, da qual o *maior erro é não ralar o suficiente*.

Estatisticamente, a maioria dos fundadores de *start-ups* que falham não largaram seus empregos. Eles tentam manter suas profissões junto com o empreendedorismo, mas não conseguem. Já a maioria daqueles que obtém sucesso se dedicam integralmente ao negócio. O enorme esforço necessário para começar uma *start-up* quase inviabiliza a possibilidade de dividir o foco.

Claro que não dá para largar tudo e ser imprudente com você mesmo, mas pense nisso se de fato acredita na sua ideia. É uma boa reflexão. Se o projeto é sensacional, não tem porque não se dedicar exclusivamente. Monte um plano, gerencie seu orçamento pessoal e converse com seus familiares. Enquanto seu foco não for sua empresa, será difícil convencer parceiros e clientes sobre o verdadeiro potencial do negócio. E será pouco provável que você mesmo acredite nele.

08 Como escolher uma ideia

Sua ideia vale pouquíssimo

Vamos supor que você teve uma ideia. Vários amigos dizem que ela é boa. Alguns simplesmente falam que ela é "legal", outros acham perda de tempo. Duas pessoas, porém, acham a sua ideia mais do que boa. Consideram tão sensacional que vão largar o emprego, abrir mão do salário, trabalhar setenta horas por semana, afastar-se da família, sofrer crises nervosas para, eventualmente, transformar a sua ideia em uma empresa de 100 milhões de reais sem você. Eles vendem o negócio, ficam ricos e você não. Quanto dinheiro você merece?

A resposta para essa pergunta é simples: nada!

Algo só tem valor quando impacta a sociedade, quando as pessoas usam o que você oferece e estão dispostas a retribuir de alguma forma pelo que recebem de você. Uma boa ideia, mesmo trabalhada há anos na sua mente ou colocada no papel, é só uma boa ideia. E nisso não há valor.

A seguir, você pode ver o rascunho que Jack Dorsey fez em 2006 para a sua ideia. Veja a imagem. Talvez muitas pessoas tenham feito um desenho parecido ou pensado em algo semelhante na mesma época. No entanto, só Dorsey, com outros amigos, trabalharam duro para fazer essa ideia virar o Twitter meses depois.

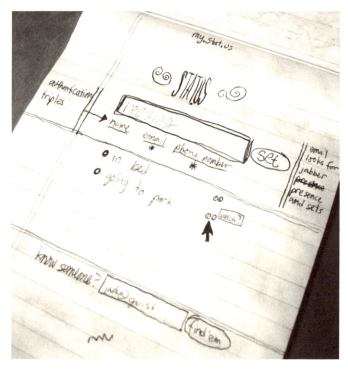

Rascunho do Twitter feito em 2006 por Jack Dorsey[58]

Essa é a diferença que separa uma folha de papel de um negócio milionário. É a execução que transforma uma ideia em algo capaz de gerar valor, demanda e interesse. *Uma boa execução é dez vezes mais importante e cem vezes mais difícil que uma boa ideia.* A sua intenção pode ser ótima, mas não fará você ganhar dinheiro. Foque as habilidades e competências necessárias para validar essa intenção e fazê-la chegar o mais rápido possível aos seus clientes.

É por isso que não sou fã da palavra "fundador" no cartão de visitas dos empreendedores. Ser um "fundador" não é ocupação. Você não recebe um salário por ter fundado alguma coisa ou criado alguma ideia. Você recebe por trabalhar com alguma coisa ou executar alguma ideia. E isso é bem diferente!

Assim, não faça da ideia o seu maior trunfo! Dentro da sua cabeça ela não tem valor. O mundo tem mais de sete bilhões de pessoas e provavelmente alguém está pensando na mesma ideia que você. Escolha uma ideia, valide-a e execute-a!

Quatro passos para escolher uma boa ideia

Para começar um negócio, é preciso escolher uma ideia. Se você tem várias ideias e todas parecem muitas boas, escolha aquela que você pensa mais vezes enquanto tenta não pensar em trabalho. Depois, utilize os quatro passos que o Vale do Silício me ensinou:

1 **As melhores ideias em geral parecem terríveis no começo:** o Google foi o 13° mecanismo de busca que surgiu. Enquanto todos os outros funcionavam com um portal, exibindo notícias e outras informações, o Google não tinha nenhum desses recursos. Era só uma página branca, um campo de busca e um botão. Não parecia ruim? Pois bem, a diferença foi justamente não ter o portal. Com o passar do tempo, as pessoas começaram a valorizar esse formato.

Uma boa execução é dez vezes mais importante e cem vezes mais difícil que uma boa ideia.

Como escolher uma ideia

2 Escolha uma ideia que possa monopolizar um pequeno mercado no início: você não vai conseguir monopolizar um grande mercado no começo do seu negócio. Busque um segmento pequeno, em que a monopolização é mais fácil, e depois expanda. O Facebook começou como uma rede social limitada para estudantes de Harvard. As ideias não precisam parecer gigantes no início, mas devem dominar um mercado específico e crescer a partir dele. A maioria das *start-ups* começa desse jeito.

3 Pense em como o mercado vai evoluir: muita gente é obcecada com o tamanho atual do mercado e não analisa a sua evolução. Preocupe-se mais com a sua taxa de crescimento e menos com o presente porte. Prefira uma ideia inserida em um mercado pequeno e crescente em vez de um mercado grande e estagnado.

4 Lance a ideia no momento certo: ao lançar uma ideia, é preciso pensar no momento correto para lançá-la. Por que este é o período perfeito para esta ideia? Por que dois anos atrás era muito cedo e daqui a dois anos será muito tarde?

Então, antes de lançar uma *start-up*, é bom responder positivamente a essas quatro perguntas:

- Sua ideia parece terrível?
- Sua ideia pode ser um monopólio?
- Sua ideia se insere em um mercado crescente?
- É o momento certo para lançá-la?

É muito importante que você saiba exatamente qual problema sua ideia vai solucionar. Muitas vezes, o que é visível não representa a verdadeira oportunidade de fazer a diferença. Durante a Segunda Guerra Mundial, muitos aviões norte-americanos voltavam das batalhas cheios de avarias e buracos de balas. Os danos em geral se concentravam nas asas e na cauda. Ao notarem esses estragos, os militares concluíram que essas áreas eram mais vulneráveis e deveriam ser reforçadas.

Um estatístico chamado Abraham Wald, no entanto, concluiu o contrário. Para ele, os aviões que regressavam estavam bem. A preocupação deveria ser com os aviões que não voltavam, pois estes sim estavam sendo atingidos em áreas que não conseguiam suportar. Assim, os aviões deveriam ser reforçados nessas partes, e não naquelas observadas nas aeronaves que retornavam.[59]

Essa estratégia foi fundamental para reduzir o número de aviões norte-americanos abatidos na guerra. Dessa forma, tenha certeza de que suas ideias de fato são capazes de impactar positivamente a vida das pessoas. Quanto mais cedo validar isso, menor a chance de criar algo que ninguém dê valor.

Escute as frustrações

Uma das formas mais rápidas de validar sua ideia é conversar com as pessoas. Todavia, *com quem* você fala é tão importante quanto *o quê* fala. Descubra quem é o principal cliente do seu produto e se familiarize com ele, descubra as *frustrações* desse cliente. Você só conseguirá expandir o mercado quando entender suas dificuldades e carências.

Steve Jobs, no entanto, repetiu várias vezes que as pessoas são ruins em prever o que poderia ajudá-las. Por isso, em vez de falar especificamente sobre a ideia em que está pensando, faça perguntas abertas e aprenda com esses indivíduos. A chave é "pescar" a linha de raciocínio dos potenciais consumidores.

São Francisco, por exemplo, é uma cidade com diferentes culturas. Muitos dos seus moradores são hispânicos e orientais. Foi entendendo as frustrações desse público que surgiu o San Francisco Deltas,[60] o primeiro time de futebol profissional da cidade, fundado com jeito de *start-up*, cara de *start-up* e formato de *start-up*. Acompanhei o projeto de perto e já participei de várias reuniões com os fundadores. É incrível ver como qualquer negócio pode começar sendo uma *start-up*, independentemente do segmento.

Meu amigo Ricardo Stanford-Geromel, com os demais criadores do time, visitou todos os bares da região durante os jogos das ligas europeias. Ao conversar com os torcedores, foi nítido observar as frustrações deles: só conseguiam ver uma partida de futebol pela televisão. Logo, a ideia de criar um time na cidade ganhou força e foi levada adiante.

Não tenha medo do medo

Ousar é maravilhoso. Testar os limites é fantástico. Não tenha medo da sua criatividade. Siga em frente! Os erros vão lhe indicar o melhor caminho. Certa vez escutei que se você não tem vergonha de contar para alguém a sua ideia, é porque ela não deve ser tão boa assim.

Já cometi muitas falhas e espero ainda cometer mais. É claro que errar não é divertido nem bom. No entanto, o erro faz parte do processo. Quando o medo surge como sentimento dentro de você, a chance de estar pensando em algo transformador é bastante alta.

Veja o Hyperloop,[61] um sistema de transporte de alta velocidade formado por tubos de baixa pressão por onde circulam cápsulas pressurizadas a 1.200 quilômetros por hora. O projeto foi idealizado por Elon Musk, um dos fundadores do PayPal e CEO da Tesla Motors. A viagem de 600 quilômetros entre Los Angeles e São Francisco será feita em 35 minutos do centro de uma cidade ao da outra, permitindo inclusive embarcar automóveis. Não dá medo pensar em um negócio desses? Tubos transportando pessoas?

No entanto, os benefícios são enormes. Atualmente, você precisa se deslocar até o aeroporto, passar por todos os procedimentos de embarque, decolar, pousar e aí chegar ao seu destino. A experiência do Hyperloop, em contrapartida, será como um metrô, em que as estações se localizam onde as pessoas estão (aeroportos em geral ficam afastados) e o tempo de embarque é mínimo. O trajeto entre São Paulo e Rio de Janeiro, por exemplo, poderia ser feito em menos de 30 minutos com partidas a cada 30 segundos. Imagine o impacto disso na vida das pessoas e quanto a indústria aérea precisará se reinventar.

Ou ainda a SpaceX,[62] fabricante de espaçonaves, também idealizada por Elon Musk, que visa reduzir o custo das viagens espaciais e permitir, dessa forma, a colonização do planeta Marte. Caramba! Olhe quanta coisa maluca está sendo feita. Não tenha medo dos seus medos. Se estiver empreendendo uma *start-up*, o modelo permite identificar e ajustar rapidamente as falhas cometidas. Confie em você!

Muitas empresas nasceram completamente diferentes do que são

Falhar rápido e mudar rápido. Pouquíssimas pessoas acertam logo na primeira vez. O mundo está repleto de histórias de empresas que desistiram do seu produto original e mudaram completamente a direção do seu negócio.[63] Veja seis exemplos:

1 Groupon foi um site de captação de recursos para projetos sociais

O famoso site de compras coletivas tinha outro foco no início. Lançado em 2007, ele se chamava The Point e possibilitava que qualquer pessoa criasse campanhas para pedir dinheiro e financiar projetos sociais. Uma vez que fosse atingido um número suficiente de apoiadores, o financiamento era liberado.

Este mesmo conceito foi aplicado para descontos em atividades e serviços locais, os quais só eram concedidos se uma

Como escolher uma ideia

quantidade mínima de usuários se inscrevessem. O Groupon se tornou o principal negócio quando percebeu que havia um mercado muito maior para promoções diárias do que para projetos sociais.

2 YouTube era um site de namoro por vídeo

Lançado no dia dos namorados de 2005, os criadores da empresa admitem que a ideia original nunca decolou. Eles chegaram a patrocinar alguns casais de Las Vegas e Los Angeles para postarem vídeos de namoro no site, mas a estratégia fracassou.

A virada aconteceu quando Jawed Karim, um dos fundadores do YouTube, publicou um vídeo dele no zoológico[64] falando sobre elefantes. Logo, perceberam que as pessoas se divertiam postando vídeos de si mesmas e que isso poderia se tornar um bom negócio.

3 Pinterest era um *e-commerce* para celular

Em 2009, um aplicativo de compras para celular foi lançado. Batizado de Tote, seu objetivo era disponibilizar todas as ferramentas de um *e-commerce* no telefone das pessoas. Hoje, esse tipo de sistema é comum, mas naquela época não era. A dificuldade para realizar o pagamento foi um dos principais fatores para o serviço ser descontinuado.

Das cinzas desse primeiro negócio surgiu outra ideia. Muitas pessoas usavam o Tote para enviar as imagens dos produtos que mais gostavam para elas mesmas, agrupando esses itens em coleções pessoais. Esse foi o gancho! Em 2010, o Pinterest foi lançado como uma rede social para compartilhamento de fotos.[65]

4 Nintendo fabricava jogos de cartas

Hoje, a Nintendo é uma das mais famosas fabricantes de videogames do planeta. No entanto, até os anos 1970, a empresa esteve envolvida com vários outros negócios. Criada em 1889, ela originalmente produzia baralhos para um tradicional jogo de cartas japonês chamado *Hanafuda*. Mais tarde, chegou a gerenciar uma frota de táxis e uma rede de motéis.

Em meados da década de 1970, diante do sucesso de outras empresas, como Bandai e Atari, que produziam jogos eletrônicas, a empresa entrou no segmento. Assim, a Nintendo começou a abandonar as antigas frentes para desenvolver apenas jogos eletrônicos. O resto é história.

5 Nokia fabricava papel e botas de borracha

Em um exemplo clássico de virada, a finlandesa Nokia se reinventou repetidas vezes ao longo da história, deixando de ser um negócio não tecnológico para se tornar uma empresa de alta tecnologia. Criada em 1865, ela começou operando como uma fábrica de papel. Depois, entrou no ramo de armários de madeira e botas de borracha.

A partir dos anos 1960, entrou no setor de telecomunicações, fabricando dispositivos eletrônicos e de transmissão de dados. Foi na década de 1980 que tudo mudou. Praticamente sozinha, a empresa inventou os telefones móveis tal qual conhecemos. Em 1987, seu primeiro celular foi lançado, pesando 800 gramas e foi apelidado de "gorba", pois o ex-líder soviético Mikhail Gorbachev foi uma das primeiras personalidades fotografadas com o aparelho. A Nokia deixou de atuar no segmento de *smartphones* depois de vender essa unidade de negócios para a Microsoft.

6 Instagram era um serviço de localização que distribuía pontos aos usuários

O aplicativo Instagram começou como um projeto paralelo de Kevin Systrom para aprender a programar. Ele e seu sócio

Mike Krieger criaram um serviço baseado em localização chamado Burbn. As pessoas informavam os locais onde estavam e ganhavam pontos quando compartilhavam fotos. Dada a usabilidade um tanto quanto complexa, a solução não avançou.

A chave para evoluir foi simplificar a experiência do usuário ao máximo. E ela foi tão simplificada que restou apenas a funcionalidade de compartilhamento de fotos. Poucas horas depois do lançamento do Instagram, ele já tinha mais usuários do que o Burbn conseguiu obter num ano inteiro.

09 Comece simples e rápido para depois escalar

Construa algo que as pessoas *amem*

Para construir um grande projeto, um grande negócio ou qualquer outra coisa que de fato importe você precisa transformar uma ideia em um grande produto. Uma das mais importantes tarefas do empreendedor é desenvolver um produto que as pessoas verdadeiramente *amem*. E até você conseguir isso, quase nada mais importa.

Quando a maioria das *start-ups* do Vale do Silício conta sua história, o trabalho lá do início quase sempre se resume a construir o produto e falar com as pessoas. Fique preocupado se você não estiver gastando quase que a totalidade do seu tempo nessas duas frentes.

Ignore o restante e cuide primeiro disso. Tudo fica menos complicado depois. É significativamente mais fácil obter investimento, crescimento, atenção da mídia, clientes ou parceiros quando você tem em mãos um grande produto.

O importante, inicialmente, não é atingir muita gente. É melhor começar com algo que poucos clientes *amam* do que com algo que muitos clientes só *gostam*. Foque primeiro em seduzir e encantar um pequeno grupo de indivíduos para depois expandir.

O Airbnb, por exemplo, antes de se tornar a maior rede de hospedagem do mundo, criou e desenvolveu o seu produto para apenas três pessoas. Focou toda a sua energia introdutória para deixar esses três clientes fanáticos e com água na boca em relação ao negócio que estava construindo.

Em 2007, seus fundadores moravam em São Francisco e não tinham dinheiro para pagar o aluguel. Em dado momento daquele ano, uma grande conferência seria realizada na cidade e todos os hotéis estavam lotados. Eles decidiram, então, transformar o sótão em hospedagem, colocar três camas e cobrar 80 dólares de cada pessoa por noite. No dia seguinte, lançaram uma simples página na internet e em menos de uma semana estavam com três reservas.

Durante a estadia, os fundadores só pensaram em como fazer os hóspedes AMAREM aquela experiência. Nenhuma energia foi gasta além disso. Eles preparavam o café da manhã, limpavam a casa e perguntavam o que deveriam fazer para a experiência ser ainda melhor no dia seguinte.

Os três visitantes se apaixonaram tanto pelo produto, pela diferente forma de se hospedar e pela maneira como tudo aconteceu que, meses depois, um deles chegou a convidar os fundadores daquele ainda desconhecido negócio para seu casamento. A ideia evoluiu e eles

É melhor começar com algo que poucos clientes AMAM do que com algo que muitos clientes gostam.

começaram a repetir o processo sempre que grandes eventos desembarcavam na cidade, trouxeram um programador para fazer parte do time e fundaram legalmente o Airbnb em 2008.

É muito mais fácil expandir a sua empresa de algo que poucos *amam* para algo que muitos amam do que expandi-la de algo que muitos apenas *gostam* para algo que muitos amam. Isso é fundamental para criar um negócio duradouro em vez de uma empresa-relâmpago.

Comece fazendo coisas que não escalam

Em 2014, realizei uma reunião com Carlos Alberto Parreira, o eterno técnico tetracampeão do mundo pela seleção brasileira, e ele me falou algo interessante. Tratávamos sobre a ascensão e o declínio meteórico de alguns jogadores e sobre as características que os melhores têm em comum. Ele foi bem direto: não existe atalho! O jogador pode até ser talentoso ou habilidoso, mas o talento só se desenvolve jogando. Ninguém vira um craque olhando os outros jogarem.

Nalbert, campeão olímpico em Atenas e capitão da seleção brasileira de vôlei daquela geração, disse a mesma coisa. Meu amigo Pedro Boesel, piloto de automobilismo, idem. Ou seja, olhando o esporte, é fácil concluir que você só se torna bom em alguma modalidade treinando e praticando.

Esse mesmo conceito se aplica ao empreendedorismo. A DoorDash é uma plataforma de pedidos e entregas para conectar restaurantes que não possuem *delivery* com pessoas capazes de realizar esse serviço. Criada em 2013 por estudantes de Stanford, a ideia foi lançada em menos de um dia. O site construído tinha apenas o cardápio e um número de telefone. Quando a primeira pessoa ligou, os fundadores atenderam e entregaram o pedido.

No início de qualquer projeto, você deve focar em testar a sua ideia, ver se o produto é algo que as pessoas de fato consomem. Os fundadores da DoorDash criaram uma empresa de tecnologia, mas tudo era manualmente feito por eles. Receber e-mails, organizar pedidos, fazer entregas. Eles que faziam tudo! Em pouco tempo, viraram especialistas e aprenderam a fazer aquilo melhor do que ninguém. Três anos depois, a empresa valia 700 milhões de dólares.

Dessa forma, escalar a operação de uma empresa não importa quando você começa o negócio. Primeiro você precisa aprender para depois escalar. Assim como ninguém vira um Pelé apenas assistindo a futebol, dificilmente você se tornará empreendedor apenas olhando. *O momento em que você para de fazer coisas que não escalam é o momento em que você desiste de uma das suas maiores vantagens.* Teste suas hipóteses, lance rapidamente uma versão do seu produto e faça coisas que não escalam. É assim que começa.

Plano de Negócios tem outra forma e outro nome

Com certeza você já ouviu falar sobre Plano de Negócios. Trata-se de um documento importante, que detalha um negócio que se quer iniciar ou que já está iniciado. Ele faz o empreendedor mergulhar na estratégia que enxerga para a empresa. No entanto, produzi-lo é cansativo e arriscado. Os mercados mudam rapidamente e seu plano pode se tornar obsoleto antes mesmo de você terminá-lo.

Quando estive em Dubai, aluguei um carro com GPS no aeroporto para dirigir até a empresa que visitaria. Durante o trajeto, comecei a observar divergências entre o que meus olhos viam e o mapa do GPS. Onde havia uma imensa marginal, o GPS mostrava uma simples rua. Onde enxergava um viaduto, o GPS indicava um cruzamento.

O grande risco do Plano de Negócios é ele não acompanhar a rápida evolução dos mercados e do comportamento das pessoas. É ser um GPS que mostra uma travessia de balsa onde já existe uma ponte. Por isso, o Vale do Silício não fala sobre esse tema. Já conheci centenas de *start-ups* e elas jamais me apresentaram um documento desses. Em vez disso, o que um empreendedor típico da região faz é produzir um Produto Mínimo Viável, ou MVP (*Minimum Viable Product*).

Isso não quer dizer que o conceito do Plano de Negócios não seja importante. Ele é! No Vale, porém, ele tem outra forma e outro nome.

O MVP é um método que valida a construção de um produto sem precisar produzi-lo por completo. Ele consiste em desenvolver o *mínimo* de recursos possível para coletar o *máximo* de aprendizado dos clientes, evitando que você passe meses trabalhando em algo que o mercado não quer.

O Dropbox é um serviço de compartilhamento de arquivos fundado em São Francisco em 2007. Com ele, qualquer coisa arrastada para uma pasta específica do seu computador é automaticamente armazenada e replicada em todos os seus demais dispositivos.

Apesar de possuir hoje mais de quinhentos milhões de usuários e o ilustre Bono Vox, vocalista da banda U2, como um de seus investidores, a ideia inicialmente não convenceu. Drew Houston, um dos fundadores da empresa, passou semanas pulando de reunião em reunião apresentando a ideia para potenciais clientes e investidores. Só o que escutou foram respostas negativas.

Aquela série de reuniões o deixou preocupado. Se o produto não tivesse apelo, não havia porque desenvolvê-lo. Os obstáculos técnicos eram enormes e seriam meses de trabalho jogados no lixo. Foi aí que Houston pensou em algo incrivelmente simples: fazer um vídeo.

Era uma demonstração banal de três minutos sobre a tecnologia. Algo muito simples mesmo, em que ele mostrava as funcionalidades do produto enquanto narrava o que aparecia na tela do computador.

Hoje, você não desenvolve um produto PARA os clientes.

Você desenvolve COM os clientes.

Um dia depois de disponibilizar o vídeo em seu site, o número de pessoas inscritas na lista de espera para fazer o download da primeira versão do Dropbox subiu de cinco mil para 75 mil pessoas. Usando o vídeo como MVP, Houston comprovou que havia demanda para sua ideia e seguiu com o produto.[66]

A Zappos, uma das maiores lojas on-line de calçados do mundo, começou como um simples site que apresentava fotos de tênis e sapatos. Sempre que alguém fazia um pedido, o fundador da empresa caminhava até uma loja local, encontrava o produto, comprava e despachava para o cliente. Só depois de validar a ideia é que o sistema automatizado de vendas foi criado.

Dessa forma, o MVP testa o cenário de uso real e permite avaliar a receptividade dos usuários com o mínimo de esforço possível. *Hoje, você não desenvolve um produto PARA os clientes. Você desenvolve COM os clientes.* E isso é bem diferente! Esse tipo de interação indica se você está no caminho certo, se precisa fazer adaptações ou se eventualmente deve desistir da ideia.

O primeiro MVP do Vale do Silício

A criação do primeiro MVP do Vale do Silício está intimamente ligada a outros fatos marcantes da história recente do Vale. Sobre o assunto, recomendo o filme *Something Ventured* (ESTADOS UNIDOS, 2011).[67]

Em 1957, Arthur Rock trabalhava no mercado financeiro de Nova York quando foi surpreendido por uma incomum carta que chegou ao seu escritório. Ela vinha da Califórnia, escrita por oito brilhantes engenheiros que, mais tarde, se tornariam conhecidos como os "oito traidores".

Eles eram funcionários do primeiro laboratório do mundo a trabalhar com semicondutores de silício, chamado *Shockley Semiconductor*

Laboratory. Descontentes com seu gestor, um ganhador do Prêmio Nobel de Física de difícil convivência, eles escreveram essa carta pedindo ajuda para sair do laboratório e desenvolver o projeto por conta própria.

Rock achou interessante o que leu e decidiu ajudá-los a buscar financiamento para o novo negócio. Naquela época, porém, não existia capital de risco e criar uma *start-up* era algo totalmente novo. Foram mais de trinta milionários contatados e todos disseram não.

A última cartada de Rock foi falar com Sherman Fairchild, um rico empreendedor norte-americano que viu potencial na *start-up* e investiu 1,5 milhão de dólares. Foi a partir dessa operação que o termo capital de risco, ou *venture capital* em inglês, passou a ser amplamente utilizado. Com o dinheiro na mão, os "oito traidores" criaram a *Fairchild Semiconductor*, estabeleceram a empresa em Mountain View, que fica no Vale do Silício, e continuaram trabalhando com os semicondutores de silício.

A notícia se espalhou e dezenas de empresários da região começaram a financiar novos negócios de tecnologia. Quando uma potencial *start-up* era identificada, seu fundador recebia um convite para almoçar e apresentar a ideia para cinco ou seis investidores. Antes de pagar a conta, ele esperava dez minutos do lado de fora do restaurante para depois receber o sim ou não como resposta. Simples assim!

Apesar de rudimentar, a fórmula adotada por esses empresários era bem-sucedida porque investidores e empreendedores participavam juntos da sociedade das *start-ups*. Até hoje, essa é uma das principais características desse tipo de negócio. Na Fairchild, porém, era diferente. O investimento inicial tinha vindo da Costa Leste norte-americana, acostumada com hierarquias e formalidades. Para os nova-iorquinos, não fazia sentido compartilhar a sociedade de uma empresa com todos os funcionários, assim como as *start-ups* da Costa Oeste achavam por bem fazer.

Dessa forma, como ninguém na Fairchild se sentia dono do negócio, os talentos foram embora. Atraídos por participação societária e independência, os "oito traidores" começaram a sair para criar as próprias *start-ups*.

Em 1968, Gordon Moore e Bob Noyce foram os últimos do grupo a deixar a empresa. Logo, porém, já tiveram outra ideia. Procuraram novamente Arthur Rock e falaram o que queriam fazer. Como a dupla não tinha nada escrito e todo o projeto estava dentro da cabeça deles, Rock pediu que preparassem algum documento para poder entregar aos potenciais investidores.

O incrível MVP escrito era simples, formado por uma única folha, com apenas três parágrafos, duplo espaçamento e alguns borrões. Foi com esse documento que eles convenceram os investidores, captaram 2,5 milhões de dólares e fundaram a Intel, hoje uma das maiores empresas do mundo e famosa por seus chips de computador.

Comece simples e rápido para depois escalar

The company will engage in research, development, adn manufacture and sales of integrated electronic structures to fulfill the needs of electronic systems manufacturers. This will include thin films, thick films, semiconductor devices, and other solid state componenes used ih hybrid and monolithic integrated structures.

A variety of processes will be established, both at a laboratory and production level. These include crystal growth, slicing, lapping, polishing, solid state diffusion, photolithographic masking and etching, vacuum evaporation, film deposition, assembly, packaging,and testing, as well as the development and manufacture of special processing and testing equipmentrequired to carry out these processes

Products may include dioded. transistors, field effecc devices, photo sensitive devices, photo emitting devices, integrated circuits, and subsysteme commonly referred to by the phrase "lagge scale integration" Principal customers for these products are expected to be the manufac-turers of advanced electronic systems for communications, radar, control and data processing. It is anticipated that many of these customers will be located outside California.

MVP da Intel, escrito em 1968.

10 Time e cultura fazem você vencer

Dois ou mais fundadores são melhores do que um

Olhando para as mais bem-sucedidas empresas das últimas décadas, muitas têm dois ou mais fundadores. Google, Apple, Intel, YouTube, Facebook, Skype e Yahoo são apenas algumas. Até a Oracle, intensamente associada com Larry Ellison, tem vários fundadores. Assim, mesmo existindo exceções, como eBay e Amazon, é melhor fundar sua *start-up* com mais de um sócio do que sozinho.

Participei de uma recente palestra na Y Combinator, uma das principais aceleradoras de *start-ups* do mundo, localizada no Vale do Silício, onde foi apresentado que das vinte *start-ups* mais

Orgulhe-se da quantidade pequena de funcionários que consegue ter.

valorizadas do seu portfolio daquela época, todas tinham pelo menos dois fundadores. No entanto, o desentendimento entre eles ainda é a principal causa do término prematuro dessas empresas. Escolher um bom sócio, portanto, é uma das primeiras grandes decisões que você toma na vida do seu negócio.

Vá atrás de alguém incrivelmente habilidoso. De alguém brilhante! Alguém sereno, resistente, rápido e decisivo, que sabe o que fazer em qualquer situação e está preparado para tudo. Você precisa muito mais de uma pessoa com essas características, de um Capitão Nascimento que atropela o que vem pela frente, do que um *expert* em alguma coisa.

Só crie a empresa sozinho se de fato não encontrar ninguém. Seu sócio precisa ter uma história com você, ser seu conhecido. É melhor não ter nenhum sócio do que escolher alguém com pouca afinidade. Dois ou três fundadores é o ideal. Cinco é péssimo. Quatro funciona às vezes.

Tente não contratar

Muitas pessoas julgam uma empresa pela quantidade de funcionários que ela tem, mas isso é um grande equívoco. Além de aumentar as despesas, traz complexidade a um momento que requer agilidade. *Orgulhe-se da quantidade pequena de funcionários que consegue ter.* Você e seus sócios são capazes de fazer coisas incríveis! Procure se manter pequeno o máximo que puder.

Além disso, a chance de você fazer uma contratação errada é altíssima. Muitas *start-ups* que conheço não fazem boas contratações iniciais. Só abra uma vaga quando você e seus sócios esgotarem todas as possibilidades de resolver uma tarefa importante sozinhos.

O primeiro funcionário do Airbnb demorou cinco meses para ser escolhido. No primeiro ano, só duas pessoas foram contratadas. Nas entrevistas, o principal objetivo era identificar indivíduos dispostos a "dar o sangue" pela empresa. Brian Chesky, um dos fundadores do

Airbnb, costumava perguntar aos candidatos se eles aceitariam trabalhar na *start-up* mesmo se recebessem um diagnóstico médico apontando que teriam só mais um ano de vida. Parece loucura, mas essa era a cultura que queriam criar.

As primeiras contratações são muito importantes. Elas definem a "cara" da empresa. Estabelecem o tom da cultura. Você precisa de pessoas que acreditem na causa tanto quanto você. Pessoas extremamente dedicadas e comprometidas. Ao conversar hoje com os primeiros cinquenta funcionários do Airbnb, por exemplo, percebe-se com clareza que todos se sentem fundadores do negócio. Algo raríssimo de se ver. Isso só foi possível porque o recrutamento inicial trouxe muita gente faminta e disposta a largar tudo pela oportunidade. É esse tipo de perfil de que você precisa. Busque quem tem sede de bola, contrate sem desespero e faça todos acreditarem na sua visão. Agindo assim, conseguirá atrair os melhores talentos.

Além disso, *entreviste não apenas quando precisar contratar*. Mantenha uma rotina para conhecer regularmente pessoas diferentes. Assim como as melhores ideias surgem quando menos esperamos, os melhores profissionais aparecem quando ainda não precisamos deles. Troque cartões, mantenha-os por perto e comunique todos os seus avanços. Quando precisar de alguém, esses serão os primeiros candidatos que você vai chamar.

Esteja sempre disposto a achar as *melhores* pessoas. Funcionários medíocres não constroem grandes empresas. Para trazer profissionais brilhantes, *você* é quem precisa convencê-los sobre a excelente oportunidade que oferece. Há aqui uma inversão de papéis entre entrevistador e candidato. Gente boa reconhece o próprio valor e sabe do seu potencial. O que eles querem é embarcar em um foguete e ir para a Lua. Ou os convence a viajar com você, ou seu foguete ficará no chão devido à falta de talentos.

E é importante ter a noção de que uma pessoa medíocre pode causar um grande estrago se for um entre as primeiras contratações de uma

Gente talentosa quer embarcar num foguete e ir para a Lua!

start-up. Um único profissional ruim pode comprometer todo o seu sonho. Vá em busca de gente com atitude e disposta a correr riscos. Sem essas características, é muito difícil alguém se interessar por *start-ups*.

Uma cultura forte atrai talentos

Já viajei por boa parte do mundo. Vi os famosos chapéus mexicanos na Cidade do México, homens de *kilt* na Escócia, congestionamento de bicicletas em Amsterdã, mulheres vestindo *abayas* em Doha. As particularidades de uma região são a sua cultura. É o que faz um lugar ser especial, ser único, ser diferente. É o que nos faz lembrar dele para o resto da vida.

Logo no início da XP Investimentos, um dos nossos sonhos era ser a melhor e maior corretora de valores do Brasil. Colocamos como meta um dia ficarmos em primeiro no ranking mensal da Bovespa. Internamente, criamos o slogan "Rumo ao Topo" e uma forte cultura baseada em foco, dedicação e trabalho duro. Apesar de distante, tínhamos certeza de que, fazendo as coisas certas, uma hora chegaríamos lá.

Para nossa surpresa, essa cultura contagiou rapidamente outras pessoas. Talentos se juntaram ao time, parceiros começaram a abrir escritórios pelo Brasil e muita gente boa veio fazer negócios conosco. Não demorou até que usar o slogan virasse hábito. Passou a fazer parte de e-mails e de conversas do dia a dia. Ao desligar o telefone, era comum falar "até logo e rumo ao topo"!

Pintamos as paredes da empresa com nossas metas, criamos um grito de guerra, compartilhamos semanalmente os resultados com todos. Em paralelo, viajávamos o Brasil dando cursos e palestras e trabalhávamos duro das 8 às 22 horas, sábados, domingos e feriados. Em janeiro de 2010, enfim, chegamos lá. E tão logo a meta foi comemorada, já criamos outra para continuar perpetuando a cultura da nossa empresa.

Para construir um negócio fora de série, você vai precisar de muita gente boa ao seu lado. Não se faz nada sozinho. Gente boa, porém, não embarca em qualquer aventura. Para atrair esse tipo de pessoa, defina um sonho, estabeleça uma meta clara e crie uma cultura forte na sua *start-up*. Cative as pessoas pela sua ambição, seja ela qual for. Faça da sua empresa um ambiente ímpar com jeito e estilo próprios. Um lugar especial onde todos queiram estar e voltar ainda mais motivados no dia seguinte.

Cultura *versus* Resultado

Funcionários bons precisam virar seus sócios. Toda *start-up* funciona desse jeito. Pessoas talentosas, que correm riscos, querem se sentir donas do negócio, assim como você. Encontre uma forma para, gradativamente, oferecer parte da sociedade aos profissionais mais alinhados à cultura e aos resultados da sua empresa.

É comum ver *start-ups* dando 10% da empresa, ao longo de três ou quatro anos, para os dez primeiros bons funcionários. Não existe regra, mas esse formato acontece bastante no Vale do Silício. Em geral, porém, os fundadores são *tímidos* para compartilhar ações da empresa com funcionários e bastante *generosos* para dividi-las com os acionistas. Isso é muito errado! Seus funcionários é que constroem a empresa ao longo dos anos. São eles que agregam valor com o passar do tempo. Tente ser o mais generoso possível com quem está do seu lado, todos os dias, fazendo o negócio acontecer.

Toda empresa tem quatro tipos de profissionais. E é muito simples identificá-los. Primeiro, classifique cada membro do seu time em relação a duas variáveis: cultura e resultado. Depois, posicione-os em um dos quadrantes abaixo. Para cada quadrante, você tem desafios bem específicos.

QUADRANTE 1: seus sócios. Talentos extremamente alinhados com a cultura da empresa e que entregam excepcional resultado. Profissionais capazes de lhe representar em qualquer lugar e situação. Pessoas que replicam o seu discurso, motivam os demais funcionários e se comportam como donos. Mantenha-os sempre motivados e ofereça gradativamente mais ações.

QUADRANTE 2: seus futuros sócios. Eles já absorveram a cultura da empresa, que é o mais importante, mas ainda não entregam um excelente resultado. São pessoas em que você e seu time confiam. Trabalhe com os demais sócios para ajudá-los a melhorar o desempenho.

QUADRANTE 3: essa é a situação mais delicada. Pessoas que entregam excelente resultado, mas são um câncer para a cultura da empresa. Funcionários que não respeitam valores, contaminam o ambiente e influenciam de modo negativo a cabeça dos outros. Por melhor que seja o desempenho desse indivíduo, ele não pode fazer parte do seu time. Já vi quase uma dezena de *start-ups* quebrarem por causa desse tipo de profissional. Quando você notar alguém com essas características, possivelmente sua equipe também já notou e vai cobrar uma atitude sua. Se nada for feito, sua cultura desmorona, seu discurso perde crédito e sua empresa entra em risco. Faça um plano e livre-se dele.

QUADRANTE 4: essa é a situação mais simples. Pessoas não alinhadas à cultura e que não entregam resultado não devem fazer parte do seu negócio.

11 Você não é uma ilha

Uma grande malha de conexões

Uma pessoa isolada não constrói nada. É impossível levantar um negócio sozinho. Em tudo que já fiz na vida dependi do empenho de parceiros, colegas e outros profissionais. Criar um dos maiores serviços do Brasil para conectar *start-ups* e investidores, levar o negócio para o Vale do Silício, transformar um pequeno escritório em uma das maiores instituições financeiras da América Latina, idealizar o "Oscar" da indústria de investimentos brasileira, tudo isso dependeu de muita gente.

O networking está no epicentro das relações interpessoais do Vale do Silício. Apesar de ser um ambiente de extrema colaboração, indicar pessoas é uma tarefa bem reservada. Um indivíduo só faz a conexão entre profissionais que não se conhecem quando tem certeza de que ambos agregam valor um ao outro. Essa é a base da malha de relacionamentos da região. Ser o responsável por uma indicação que desperdice os preciosos minutos da vida de alguém é uma das piores coisas que podem lhe acontecer. Você jamais será esquecido por isso.

Na prática, todos têm a chance de uma *primeira* reunião com qualquer um. O segredo, no entanto, é ter a chance de uma *segunda*. Para isso, além de ser aberto a conhecer novas pessoas, é preciso ter propósito e riqueza de ideias para cativar o interesse dos outros. Não vivemos em uma sociedade em que ser coitadinho convence. Ou você brilha e mostra seu valor, ou está fora.

Quando saí do Brasil e soube que o fundador do iFood, a maior plataforma on-line de *delivery* da América Latina, estava morando no Vale do Silício, fiquei com muita vontade de conhecê-lo.

Pois bem, depois de ralar bastante, consegui entrar em UC Berkeley, uma das dez melhores universidades do mundo, para fazer um MBA em Marketing. Lá, conheci a mineira Vinia Amaral. Ela me apresentou seu marido, o gaúcho Felipe Lima, do Airbnb. Ele me apresentou Ricardo Stanford-Geromel, empresário de futebol, que me apresentou Cláudia Mocelin, que era assessora do prefeito de São Francisco. Ela, por sua vez, convidou-me para um evento da BayBrazil, organização sem fins lucrativos que estimula negócios entre o Brasil e o Vale do Silício. Lá, por fim, conheci Patrick Sigrist, fundador do iFood.

Nessa caminhada, saí do marketing, passei por tecnologia, futebol e governo. Ou seja, conexões de diferentes especialidades colaborando juntas. Assim, faça seu dever de casa. Encontre seu diferencial e esteja sempre pronto para inspirar outras pessoas. Em paralelo, conheça muita gente, gaste energia para criar sua rede de contatos e cultive

Você não é uma ilha
e precisará de muita gente
para erguer os seus sonhos.

relacionamentos em várias áreas. *Você não é uma ilha e precisará de muita gente para erguer os seus sonhos.*

Conviva com diferentes tribos

O projeto original da nova sede para a Pixar era formado por três edifícios separados: um para o pessoal de tecnologia, outro para os animadores e um terceiro prédio para todos os demais colaboradores.

Steve Jobs achou aquilo horrível e decidiu assumir o projeto. Ele queria um lugar capaz de promover encontros e colaborações não planejadas entre as diferentes culturas existentes na empresa. Em vez de três prédios, ele construiu apenas um edifício e colocou todos sob o mesmo teto.

Além disso, ele projetou apenas um local para os banheiros. Claro que era inconveniente e que alguns tinham que caminhar até dez minutos para chegar ao toalete, mas Jobs insistiu que esse era o único lugar que todos precisavam ir pelo menos uma vez por dia.[68]

A lógica por trás dessa história é que a *criatividade dentro do mesmo aquário é limitada porque todos ali seguem padrões semelhantes de comportamento.* Nossa imaginação é estimulada quando convivemos com pessoas diferentes, que pensam de maneira diferente, vestem-se de maneira diferente e nos fazem enxergar o mundo com uma visão diferente. É aí que a mágica acontece!

Tente se lembrar da última vez que conversou com alguém de outra tribo. Pense em uma dessas pessoas, no seu rosto, seu sotaque e a maneira de se expressar e se vestir. É bem provável que você se lembre com mais clareza do que conversou com essa pessoa há dias, semanas ou até meses atrás, do que a conversa que teve ontem com seu colega de trabalho. Isso ocorre porque tudo que é novo é também diferente e incomum. E isso nos estimula muito mais do que aquilo que é padrão, rotineiro e tradicional.

Você não é uma ilha

O Vale do Silício tem quase 40% dos seus moradores nascidos fora dos Estados Unidos. É comum diferentes nacionalidades participarem de uma mesma reunião. Elton Miranda, fundador da *start-up* catarinense Contentools, morou um ano em São Francisco. O que ele fez quando voltou ao Brasil? Contratou um italiano, um norte-americano e um peruano para a sede da empresa em Florianópolis. Compartilhar suas ideias e ouvir opiniões de pessoas do mundo inteiro, com diferentes culturas, valores e princípios foi tão rico durante a sua estada no Vale que ele resolveu compartilhar essa experiência com todo o seu time no Brasil.

Eu tenho a meta de conversar com uma pessoa nova por dia, seja em eventos, reuniões ou até por telefone. Alguns dias não consigo falar com ninguém, mas em outros busco recuperar. No final do mês, eu contabilizo e a média precisa ser superior a uma por dia. É incrível o poder que outro ponto de vista dá às respostas que você tanto procura! *A ausência de novas descobertas faz a sua imaginação se acostumar com o pensamento médio e perder a magia do acaso e da inovação.*

Estabeleça um objetivo e procure sair do seu aquário algumas vezes. Peça a seus amigos que lhe apresentem novas pessoas, escute diferentes histórias, interesse-se pelo que os outros têm a dizer. A Pixar não está em Hollywood e ela não precisou se estabelecer onde toda a indústria cinematográfica se localiza para criar *Toy Story*, *Procurando Nemo*, *Monstros S.A.* e outros dos mais famosos filmes de animação de todos os tempos.

Jamais subestime suas limitações

Se você não é bom em algo, ou se precisa de tempo além do esperado para finalizar um projeto, não se desespere. Isso é normal. Ninguém sabe tudo de tudo. Os problemas ocorrem, porém, quando pessoas ou empresas não são capazes de reconhecer as próprias limitações e necessidades. Isso sim é grave e pode matar as mais incríveis, brilhantes e sensacionais ideias.

Na década de 1960, Nolan Bushnell estudava engenharia elétrica. Naquela época, ele ficou fascinado com *Spacewar*, um dos primeiros videogames da história, que foi desenvolvido em um enorme computador do MIT, o Instituto de Tecnologia de Massachusetts.[69]

Aquilo não saiu da sua cabeça. Anos depois, ele conheceu Ted Dabney em uma das cidades do Vale do Silício. Juntos, criaram uma empresa e desenvolveram a primeira máquina de jogos operada por moedas, chamada *Computer Space*, lançada em 1971. Embora a comercialização tenha sido pequena, as 1.500 unidades vendidas deram à dupla dinheiro suficiente para seguir em frente.

A empresa que fundaram chamava-se Syzygy, mas como essa marca já estava em uso na Califórnia, tiveram de trocar a razão social. Foi assim que, em 1972, surgiu o nome Atari.[70] Um dos primeiros programadores contratados foi Al Alcorn, inicialmente alocado em projetos para testar suas habilidades. Ninguém imaginava, porém, que seu trabalho viraria um produto. Meses depois de entrar, ele criou um rudimentar jogo de tênis, com gráficos muito simples, inédito e divertidíssimo para a época.

Em setembro de 1972, o protótipo inicial desse jogo, batizado de Pong, foi instalado em um bar. Apesar de operado por moedas, com monitor preto e branco e repleto de soldas, foram necessárias poucas semanas para Pong virar um sucesso. Enormes filas se formavam em frente à máquina, pessoas se divertiam dia e noite e rapidamente a novidade se espalhou pela região.

Máquinas foram instaladas em diferentes lugares. O alvoroço era tanto que sacos e mais sacos de moedas eram coletados todos os dias pela Atari em vários pontos do Vale do Silício. Em 1974, já existiam mais de oito mil unidades em bares, restaurantes e centros de diversão do mundo inteiro.

A ausência de novas descobertas faz a sua imaginação se acostumar com o pensamento médio e perder a magia do acaso e da inovação.

Vendo que esse negócio poderia ser popular e surpreendentemente rentável, não demorou para a Atari dar o próximo passo. E o produto seguinte foi um estouro. Um ícone responsável por criar essa indústria que você conhece hoje. No Natal de 1975, a primeira versão *doméstica* do videogame foi lançada. Rapidamente, todas as 150 mil unidades colocadas à venda naquele fim de ano se esgotaram. Foi uma grande sacada levar a diversão eletrônica para dentro das casas e das famílias, transformando o produto em um verdadeiro fenômeno comercial e cultural.

Nos anos seguintes, outros jogos além do Pong foram criados. Um deles chamava-se Breakout, produzido pelos desconhecidos estudantes universitários Steve Jobs e Steve Wozniak. Anos depois, eles deixaram a Atari e fundaram a Apple. Mundo pequeno, não?

Em 1976, a empresa foi vendida para a Warner, a gigante nova-iorquina das comunicações. E a partir do ano seguinte, com o lançamento do seu mais famoso produto, o videogame Atari 2600, que vendeu mais de 30 milhões de unidades em todo o mundo, a empresa decolou. Foi um avanço meteórico, fulminante e avassalador. Nenhum negócio crescia tão rápido no planeta quanto esse.

Paralelamente, trabalhar na Atari virou desejo de todos os jovens do Vale do Silício. Sua sede era conhecida por constantes festas, consumo de drogas e bebidas. O documentário *Atari: Game Over* (Estados Unidos, 2014)[71] mostra detalhes desse ambiente pra lá de descontraído, onde até uma banheira de água quente foi instalada para animar os fins de tarde dos funcionários. Da noite para o dia, seus programadores viraram as celebridades mais descoladas e cobiçadas da região.

Para se ter uma ideia do tamanho da Atari, suas receitas representaram impressionantes 70% de toda a renda da Warner em 1982. Maior do que o segmento musical. Maior do que os filmes. Era realmente um grande negócio.

No entanto, as constantes interferências da gestão de Nova York sobre as operações no Vale do Silício começaram a causar ruídos. Vários excelentes desenvolvedores deixaram a empresa por não concordarem com a pressão vinda da Costa Leste. A situação foi só piorando, até que um fato curioso selou definitivamente o declínio do negócio.

Depois de Steven Spielberg lançar *E.T. O Extraterrestre*, um dos maiores sucessos de bilheteria da história do cinema, especula-se que a Atari tenha pago 25 milhões de dólares para obter os direitos de produzir um videogame baseado no filme. O problema é que a gestão da empresa queria o produto pronto em cinco semanas para poder vendê-lo no Natal de 1982, mesmo sabendo que o tempo médio para desenvolver um jogo era de seis meses. No entanto, ninguém olhou para isso, só pensaram na possibilidade de bater todos os recordes de vendas e faturar milhões.

Não deu outra. O jogo *E.T.* foi uma completa decepção. Ele era tão complexo, mas tão complexo, que era quase impossível entendê-lo sem um manual de instruções. Por isso, recebeu o título de pior jogo do mundo e é considerado até hoje o maior fracasso da história dos videogames. Mais de 2,5 milhões de cartuchos ficaram encalhados e as devoluções de quem comprou foram as mais altas já registradas na indústria de jogos eletrônicos. Sem ter onde guardar tanto entulho, a Atari enterrou as fitas no deserto norte-americano de Alamogordo. Daí em diante, a empresa entrou em ruína. Cheia de prejuízos e dívidas, jamais conseguiu recuperar o prestígio e sucesso do passado.

Assim, seja humilde ao avaliar suas competências. Você deve confiar na sua capacidade, mas jamais subestimar os requisitos necessários para criar algo excepcionalmente bom. Mesmo *E.T.* não sendo o único responsável pelo fim da Atari, ele mostra o que pode acontecer quando fatores importantíssimos de um negócio são negligenciados e menosprezados.

12 Quem você quer atingir

Os quatro tipos de potenciais consumidores

Vivendo no Vale do Silício e convivendo com empreendedores e investidores da região, entendi a cabeça dessas pessoas e como elas estruturam seus negócios. Existem quatro tipos de potenciais consumidores e você precisa conhecer cada um deles para planejar suas ações, estratégias e lançamentos.

Imagine um bolo de casamento com quatro andares. Cada andar descreve como um grupo de indivíduos dedica tempo e dinheiro para consumir um produto, de que forma eles se conectam com a sua marca e qual envolvimento estabelecem com a sua empresa. À medida que eles se movem para os andares mais altos, a conexão com você fica mais forte. Se o movimento é para baixo, a conexão diminui. Seu objetivo é identificar essas pessoas e migrar o máximo delas da base para o topo.

EU CONHEÇO A MARCA: as pessoas desse grupo têm *conhecimento* sobre a sua empresa. Já a viram ou ouviram falar dela. No entanto, ainda não consomem o seu produto ou serviço. E também são indiferentes em relação a gostarem ou não de você. Exemplo: alguém que já ouviu falar da Nike.

EU GOSTO DA MARCA: além de os indivíduos conhecerem a sua empresa, eles se identificam com ela. Gostam dela. Enxergam em você alguém que pode satisfazer as necessidades deles. Alguns já usam o seu produto e todos têm *atração* pela sua marca. No entanto, é um grupo instável, pois o seu negócio é um entre tantos de que essas pessoas gostam. Exemplo: alguém que gosta da Nike, mas quando vai comprar um tênis, também cogita Adidas e Reebok.

EU SOU A MARCA: pessoas que consomem seu produto com muita frequência. Elas estão estreitamente ligadas à sua empresa, recomendando para amigos e influenciando seus pares. É raro esses consumidores serem atraídos pela concorrência. Existe uma *conexão* muito forte entre vocês. A relação com a sua marca é emocional. Ela faz parte da vida desses indivíduos e está alinhada com os valores que eles consideram importantes. Exemplo: um corredor amador que usa um tênis Nike e vai comprar outro quando precisar de um novo.

EU VIVO PELA MARCA: esses são os consumidores mais fiéis. Você tem poucos deles. São pessoas que representam uma conexão duradoura, persistente e resistente com a sua empresa, capazes de influenciar muita gente. Ao mesmo tempo em que propagam a sua marca, também dependem dela, pois a qualidade do seu produto impacta diretamente o negócio desses indivíduos. Assim, a *fidelidade* aqui é máxima. Exemplo: um velocista profissional que usa e divulga o tênis Nike.

Esses quatro tipos de consumidores e suas ligações com uma marca são bem exemplificados pela GoPro.[72]

Nick Woodman nasceu e cresceu em uma afluente família do Vale do Silício. Seu pai trabalhou no mercado financeiro, tendo fundado um banco de investimentos e intermediado a compra da rede de restaurantes Taco Bell pela Pepsi nos anos 1970.

Surfista desde criança, Woodman tinha 15 anos quando criou um clube de surfe dentro da sua escola. O dinheiro que apoiava o projeto vinha de camisetas que ele vendia durante partidas de futebol. Mais tarde, decidiu ir para San Diego fazer faculdade e ficar perto das ondas. Lá, só estudava e surfava.

Depois da universidade, por volta dos anos 2000, fundou a sua primeira *start-up*. Um site chamado EmpowerAll.com que vendia produtos eletrônicos. Infelizmente quebrou. Logo depois, fundou sua segunda *start-up*. Um serviço de jogos on-line chamado Funbug que recebeu 3,9 milhões de dólares de investimento. Infelizmente, também quebrou.

Em 2002, com 26 anos e dois fracassos nas costas, resolveu viajar para a Austrália e a Indonésia. Seu objetivo era passar cinco meses surfando e recarregando as baterias. Para documentar a aventura, ele montou uma engenhoca com adesivos e fitas de borracha que permitiram fixar uma câmera Kodak em seu pulso. Dessa forma, ele conseguia operar com facilidade o equipamento enquanto surfava. Diariamente, ele foi aperfeiçoando o artefato e logo concluiu que poderia vender junto a câmera, a pulseira e a capa à prova d'água, em um só produto.

Retornando aos Estados Unidos, ele passou três meses vivendo em uma Kombi e viajando pela costa da Califórnia. Nesse período, vendeu pelo valor unitário de 60 dólares cintos de conchas e madrepérolas comprados por 1,90 dólar na Indonésia, gerando 10 mil dólares de receita. Com o dinheiro, mais 35 mil dólares emprestados da mãe e 200 mil dólares do pai, Woodman voltou para a casa da família em San Mateo, no Vale do Silício, e começou a construir os primeiros protótipos.

Foram dois anos de trabalho extremo, entre 2002 e 2004. Ele instalou uma máquina de costura em seu quarto para fazer as pulseiras e usou uma furadeira para esculpir pedaços de plástico bruto e desenvolver o modelo que queria. Quando alcançou o formato desejado, terceirizou a produção com um fabricante chinês. Tudo feito via postagem por FedEx. A fábrica enviava o protótipo e ele devolvia apontando onde precisava mudar. A fábrica ajustava e mandava de novo. Foi um vai e volta até ficar pronto.

Naquela época, era muito difícil para um surfista amador fotografar suas ações no mar, apenas profissionais tinham recursos para fazer esses registros. Foi por isso que surgiu o nome GoPro, que significa algo como "virar um profissional". Os amigos de Woodman brincavam que queriam ser profissionais por pelo menos um só dia para obter imagens sensacionais das suas manobras nas ondas.

Quando a câmera ficou pronta, ele começou a participar de feiras e exposições. A primeira venda foi feita em setembro de 2004 durante uma feira de esportes radicais em San Diego. No mesmo dia, sua Kombi foi roubada e jamais encontrada.[73] Nos meses seguintes, ele passou a convencer donos de lojas de surfe a colocarem a GoPro em suas prateleiras.

Dessa forma, Woodman começou a se tornar uma referência entre entusiastas dos esportes de ação, envolvendo e mantendo essas pessoas atualizadas sobre o progresso da empresa e do produto. Em 2006, foi lançada a versão digital da câmera. Em 2007, ela já gravava vídeos com som. Em 2010, veio a versão HD que começou a ser vendida na Best Buy, a gigante rede de eletrônicos norte-americana. A receita de 350 mil dólares da GoPro em 2005 virou 64 milhões de dólares em 2010 e 1,6 bilhão de dólares em 2015.

Hoje, a empresa patrocina inúmeros esportistas profissionais. Kelly Slater, o maior surfista de todos os tempos, é um deles. Ele usa a câmera como parte do seu trabalho (*fidelidade* à GoPro) e influencia surfistas amadores a usarem também (*conexão* com a GoPro). Esses, por sua vez, inspiram outras pessoas que valorizam a qualidade e a portabilidade do produto (passam a ter *conexão* com a GoPro). E, consequentemente, acabam motivando amigos não tão envolvidos no universo da fotografia a considerarem o item como uma possível próxima compra (passam a ter *conhecimento* da GoPro).

Que festa você daria?

É importantíssimo para qualquer negócio definir quem é o seu cliente. Quem vai comprar o seu produto ou quem usará o seu serviço, e quem pode ser atraído pelo que você faz. Entretanto, não pense que isso significa dizer que seu público é formado por uma faixa etária, um gênero ou pessoas com determinada classe social. Isso é vago demais e não transmite identidade nenhuma.

O que você deve fazer é humanizar ao máximo o seu consumidor e definir em detalhes quem ele é, construindo um personagem com nome, sexo, idade, hábitos e comportamentos. Pense no estilo de música que ele ouve, nas roupas que veste, nos lugares que frequenta, e tente criar uma imagem real, clara e nítida desse indivíduo. Isso tornará a sua vida muito mais fácil, sobretudo quando for expandir o seu negócio.

Você terá mais segurança para tomar decisões, pois conseguirá se colocar no lugar do seu cliente e pensar como ele.

Faça o seguinte exercício: se sua empresa fosse dar uma festa, como seria? Como seriam os participantes? Como eles estariam vestidos? Que música tocaria? Você deve fazer uma imagem *clara* desse evento. Seu estilo e características. Se você não conseguir identificar isso, é porque está querendo atirar para todos os lados. *Querer focar em todo mundo significa não focar em ninguém.* E isso é péssimo para o início de qualquer negócio.

Pense, por exemplo, no mercado de cervejas. Se a Sol fosse dar uma festa, como ela seria? Como seriam seus participantes? Como seria a música? Reflita um pouco sobre isso. Use a imaginação. Visualize essa festa acontecendo e identifique suas características. Provavelmente, ela ocorreria na praia, a céu aberto e com um calor de rachar. As pessoas usariam pouca roupa. Homens e mulheres só de trajes de banho. Alguns estariam na areia, outros no mar. A música seria latina, bem caribenha. E todos dançam e pulam sem parar. Não faz sentido? Se você conhece a marca, não deve ter pensando em nada muito diferente disso.

Agora, imagine a cerveja Guinness dando uma festa, como ela seria? Possivelmente aconteceria num bar, estilo pub, feito de pedra e mobiliado com peças centenárias. O ambiente do lado de fora é de montanhas. O clima é de neblina. A maioria dos participantes são homens, muitos com um jeitão frio de ser. Alguns são daqueles que batem a caneca com força no balcão na hora de pedir outra cerveja. A maioria está sentado. Eles conversam ao som de uma música irlandesa, profunda e propícia para pensar na vida. Viu a diferença? Apesar de serem duas marcas de cerveja, são dois mundos completamente distintos.

Quando você cria uma forte identidade para sua marca, você constrói um dos seus maiores diferenciais. E fazer isso não significa limitar o seu mercado. Pelo contrário. Isso torna sua empresa única, singular e diferente das outras, o que acaba atraindo pessoas das mais variadas características. Você não precisa ser um esportista radical que salta de paraquedas

Querer focar em todo mundo significa não focar em ninguém.

da estratosfera para tomar Red Bull, mas a proposta da marca é tão forte e tão bem-feita que atrai até o menos radical dos indivíduos.

Já a GoPro começou focada em surfistas, mas se tornou uma das marcas mais conhecidas do mundo. No exemplo anterior, vimos como um amante das ondas pode influenciar uma cadeia inteira de pessoas, podendo alcançar facilmente um médico, advogado, professor ou qualquer outra pessoa sem contato nenhum com o surfe. Fica muito mais fácil expandir quando você tem personalidade e identidade. As pessoas valorizam isso. Ajuda a reconhecer a marca e torná-la humana.

A necessidade do consumidor *não* muda, mas a tecnologia sim

Certa ocasião, quando eu ainda era universitário, chamei uma empresa para consertar o ar-condicionado do meu apartamento em Porto Alegre. Enquanto arrumava o aparelho, o técnico me contou uma história. Ele era novo na companhia, recém-contratado. Infelizmente, seu antigo empregador tinha falido. Não por falta de trabalho, mas por abundância de clientes. Porque ele não conseguiu atender o grande número de pessoas que o procuravam. Como pode?

O que aconteceu foi que dois anos antes, essa empresa tinha comprado um anúncio nas páginas amarelas da lista telefônica. O objetivo era receber mais pedidos para consertar aparelhos de ar-condicionado. No entanto, por um erro, o anúncio foi divulgado na seção de restaurantes e não na parte de ar-condicionados. Obviamente, a propaganda não gerou nenhum resultado para o negócio.

No ano seguinte, para compensar a falha, foi concedida gratuitamente uma página inteira de destaque dentro da seção correta das páginas amarelas. O anúncio foi um dos maiores daquela edição. Tão logo a lista foi lançada, a pequena empresa começou a receber uma enxurrada de chamados. Dezenas e dezenas de pessoas começaram a ligar solicitando orçamentos e reparos em seus aparelhos. Foi uma verdadeira avalanche de pedidos.

Despreparada e sem organização e estrutura para receber aquela quantidade gigantesca de contatos, a empresa foi ganhando uma péssima reputação na cidade. Seis meses depois, ela fechou as portas.

Antigamente, as pessoas recorriam às listas amarelas para procurar o que precisavam. Mas apesar desses livros de papel terem desaparecido, a necessidade ainda existe. Buscar serviços é algo que todos nós fazemos. Isso NÃO mudou. O que mudou foi a tecnologia. Foi a maneira como realizamos essa procura. Se antes usávamos o papel, hoje usamos a internet.

Viajar também é uma necessidade. Antes, grandes distâncias eram percorridas a navio, hoje usamos avião. Assim como enviar documentos: antes era via carta, hoje é via e-mail. Bem como realizar pagamentos, antes era com cédulas, hoje muitos são feitos com cartão. As necessidades se mantêm e as tecnologias se alteram.

Outro exemplo é o Uber. Deslocar-se dentro das cidades é uma necessidade que existe há séculos. Até recentemente solicitávamos táxis pelo telefone. Hoje, chamamos o Uber pelo aplicativo de celular. A necessidade do consumidor não mudou. A tecnologia é que evoluiu.

Como estudante de computação na UCLA, Travis Kalanick[74] se juntou a outros dois amigos para criar o Scour, um serviço de compartilhamento de arquivos antecessor ao Napster. Em 1998, vendo potencial no negócio, abandonou a faculdade para se dedicar integralmente ao projeto. A partir daí, a empresa decolou.

No entanto, ao mesmo tempo em que conquistou milhões de usuários, ele também chamou atenção da poderosa indústria do entretenimento, que abriu um processo contra ele no valor de 250 milhões de dólares. Kalanick levou a sério a ameaça. Em 2000, decretou a falência do serviço e evitou a ação judicial.

No ano seguinte, ciente do que era possível fazer e, principalmente, do que *não* era possível, ele lançou uma nova empresa de compartilhamento de arquivos, agora 100% legal. Junto com os antigos funcionários da Scour, o novo negócio (chamado RedSwoosh) cresceu e foi vendido por 19 milhões de dólares em 2007.

Recém-milionário, Kalanick não perdeu tempo comprando uma nova casa ou um carro. Decidiu conhecer outros bem-sucedidos fundadores de *start-ups* e começar a participar de eventos. Em 2008, durante a LeWeb, a maior conferência europeia de tecnologia, ele conversou com Garrett Camp, um canadense que pensava em criar um serviço de carros de luxo mais acessível.

Motivados pela dificuldade de chamar um táxi na cidade de São Francisco, ambos evoluíram a ideia inicial, desistiram das limusines e criaram um serviço alternativo aos taxistas que usava o celular para solicitar as corridas. Assim, em 2009, nasceu o UberCab.

O passo seguinte foi criar um protótipo e testá-lo em Nova York. Com três carros, Kalanick, Camp e um amigo rodaram pelas ruas da cidade durante alguns dias. Ali, eles aprenderam tudo sobre o modelo de negócios. Identificaram o que funcionou bem, o que precisava melhorar e o que podia ser eliminado. Depois disso, trocaram o nome de UberCab para Uber e lançaram oficialmente o serviço na cidade de São Francisco em 2010.

De lá para cá, o crescimento foi avassalador: de São Francisco para Nova York, de Nova York para a Europa e da Europa para o mundo. Mesmo enfrentando a oposição de taxistas, leis e outros obstáculos, a genialidade da solução derrubou barreiras e transformou completamente uma indústria que existia há mais de cem anos da mesma forma.

No final de 2015, com apenas cinco anos de existência, a empresa foi avaliada em 62,5 bilhões de dólares.[75] Maior, por exemplo, que o valor de mercado da GM na mesma época, que com seus 107 anos de vida, valia cerca de 55 bilhões de dólares. E qual será o próximo passo? Bem, a empresa acabou de lançar um avançado centro de tecnologia para produzir carros não tripulados. Segundo Kalanick, o problema da tarifa atual é que você ainda paga para a pessoa que está no carro, e não pelo carro. Ou seja, a evolução continua.

Uber foi revolucionário, mas não se compara às profundas transformações que virão.

13 Qualquer empresa é uma empresa de mídia

O poder da informação está com você

Quando eu era pequeno, lembro minha mãe, que é advogada e professora, dizer que não marcava prova nas segundas-feiras à noite. O motivo era que grande parte dos alunos faltava para assistir Tela Quente! Naquela época, quem tinha o poder da informação eram as grandes mídias. Televisão, jornais e outros meios de comunicação detinham o controle sobre o que as pessoas viam, liam e escutavam. Tudo que partia deles influenciava nossas opiniões e nosso comportamento.

Hoje, porém, esse controle trocou de mãos. Ao longo dos últimos anos, o poder da informação foi sendo gradativamente transferido das grandes mídias para você, para mim e para todas as demais pessoas. Redes sociais, blogs e outras plataformas nos transformaram em provedores de conteúdo. E a capacidade que temos de influenciar nossos pares e conexões é muito maior do que qualquer mídia já teve no passado.

Observe, por exemplo, a força de serviços como o TripAdvisor. O que importa agora não é mais a quantidade de estrelas que o *hotel* diz ter. É a quantidade de estrelas que os *usuários* dizem que o hotel merece ter. E isso é muito mais verdadeiro! Ou imagine se você chamar um táxi pelo Easy Táxi e o motorista tiver uma avaliação negativa. Basta cancelar e pedir outro. Ou se algum amigo publicar um excelente comentário sobre um restaurante, possivelmente ele estará na lista das suas próximas opções para jantar fora. É impressionante como a tecnologia deu voz às nossas experiências e nos transformou em formadores de opinião muito influentes.

Em 2013, aconteceu um fato interessante. Um jornalista do *The New York Times* escreveu uma matéria negativa sobre a sua experiência dirigindo um Tesla Model S, veículo 100% elétrico. A foto da reportagem mostrava o carro sendo guinchado por ter acabado a bateria há poucos metros da estação de carregamento.

O que o repórter não sabia é que esse automóvel registra tudo que você faz. Alguns dias depois, usando sua conta do Twitter e seu blog pessoal, Elon Musk, CEO da Tesla Motors, rebateu todos os argumentos da matéria, mostrando gráficos e mapas que indicaram, inclusive, que o repórter ficou andando em círculos próximo à estação de carregamento para supostamente forçar o término da bateria do carro.

Não deu outra! A editora-chefe do jornal pediu desculpas e os leitores fizeram duras críticas à publicação. O que essa história mostra é a facilidade que pessoas e empresas têm para se comunicar com o seu público. Antigamente, seria necessário comprar um espaço na mídia, produzir uma propaganda e gastar um caminhão de dinheiro para fazer o que Elon Musk fez. Agora, sem gastar um tostão, ele rapidamente contornou o problema.[76]

É por isso que hoje *qualquer empresa é uma empresa de mídia*. Não importa o que você faça, seu negócio precisa se relacionar com as pessoas, produzir conteúdo e engajar os clientes. E todas as ferramentas necessárias para isso estão aí, disponíveis de forma gratuita e capazes de atingir milhões de pessoas instantaneamente. Basta usá-las.

Dialogue com seu público

Há uma ótima cena no documentário *Steve Jobs: The Man in the Machine* (Estados Unidos, 2015). No início dos anos 1980, Jobs aparece conversando com amigos e perguntando se eles sabiam quem era o presidente da IBM na época. Para sua surpresa, ninguém sabia. Ele insistia, falava que a IBM era uma das maiores empresas do mundo, tentava fazer as pessoas lembrarem, mas não escutou uma só resposta.

Jobs argumentava que *as empresas precisam ser humanas*, pois as pessoas tendem a se identificar muito mais com pessoas do que com marcas. Foi por esse motivo, e também por considerar o que fazia uma espécie de arte, que ele gravou na parte interna das primeiras versões do Macintosh as assinaturas de todos os funcionários que trabalharam no projeto. Afinal, o grande artista assina a sua obra, não? Assim, a Apple conseguiu mostrar para qualquer indivíduo do mundo inteiro que por trás daquele computador existiam pessoas "humanas" como ele.

Esse exemplo ilustra como é importante humanizar as relações entre um negócio e seus consumidores. A Virgin incentiva funcionários a usarem as redes sociais para falar da empresa. A Adobe lançou um projeto para artistas do mundo inteiro criarem variações da sua logomarca. O nome Azul Linhas Aéreas foi escolhido por meio de sugestões de passageiros. Ou seja, mostre que atrás do seu CNPJ existe muito mais que um site, produto ou serviço. Mostre que há gente e que existe vida!

Atualmente, as redes sociais oferecem uma das formas mais simples e eficientes de fazer isso. Elas permitem às empresas estabelecer um relacionamento *direto* e em *tempo real* com clientes, potenciais clientes

As pessoas
se conectam primeiro com pessoas e depois com marcas.

e qualquer outro tipo de pessoa. Não existem intermediários. É o seu negócio conectado diretamente ao seu público.

Além disso, essas ferramentas possibilitam que você compartilhe a sua paixão com outros indivíduos também inclinados a compartilhá-la. Isso gera engajamento, faz pessoas comuns se envolverem com a sua causa e transforma clientes em fãs.

Com sua empresa, é importante ir atrás de quem valoriza o que você faz. No início, é melhor ter dez seguidores que *realmente* se interessam pelo seu trabalho do que ter mil que pouco se importam. Faça o serviço bem feito com quem de fato pode apoiá-lo, dar feedbacks e ideias.

O segredo para ter sucesso chama-se consistência. Consistência para criar conteúdo, responder comentários e dialogar com o seu público. Quanto mais interage com a sua audiência, mais você a conhece. Em 2010, por exemplo, a varejista Gap mudou a sua logomarca repentinamente. Sem avisar, sua tradicional identidade visual de vinte anos desapareceu. Imagine a resposta do público. Um desastre, um horror. Em menos de uma semana, a empresa voltou a usar a marca original.

Logo frustrado versus *logo tradicional da marca Gap*

Assim, converse com seu público, estabeleça relacionamentos com quem se interessa pelo seu trabalho e humanize sua marca. Lembre-se de que *poucos* seguidores engajados são mais relevantes do que *muitos* indivíduos indiferentes.

Os três tipos de trabalho

Existem três tipos de trabalho, segundo Brian Chesky, fundador do Airbnb. Basicamente, você pode trabalhar usando as mãos, a cabeça ou o coração.

A tecnologia tipicamente substitui o trabalho manual. Há cem anos, por exemplo, a maior parte da população brasileira era rural. As pessoas viviam no campo e sua mão de obra era utilizada na agricultura e pecuária. Como já mostrado no início deste livro, as máquinas vieram e automatizaram o trabalho, forçando milhões de trabalhadores a procurarem outra forma de sustento.

Eventualmente, a tecnologia também substitui o trabalho da nossa cabeça, da nossa mente. Você deve se lembrar das famosas partidas de xadrez entre homens e computadores nas décadas de 1980 e 1990. Desde 1997, porém, quando o então campeão mundial Garry Kasparov foi derrotado por um computador, a robótica vem colecionando vitórias e mais vitórias sobre a nossa mente.

Contudo, há um tipo de trabalho que a tecnologia dificilmente substitui: aqueles que envolvem mais do que mãos e mentes. São trabalhos que envolvem o coração. Trabalhos capazes de produzir experiências marcantes que atingem em cheio os nossos sentimentos. O próprio Airbnb é um exemplo disso. O aplicativo proporciona que você receba desconhecidos para dividir o conforto do seu lar, trocar ideias, escutar histórias e até dar boas risadas. No fundo, porém, é um negócio! Eu já recebi dezenas de hóspedes no meu apartamento e até criei um mural para cada um deles assinar e deixar um recado.

O Facebook funciona da mesma forma, em que você vê como estão seus amigos, nota como aquela pessoa engordou ou emagreceu e até descobre que alguém muito próximo já está cheio de filhos. Ou ainda a Red Bull, que se conecta com as pessoas muito mais pela mensagem de ser uma marca ousada e aventureira do que pelo produto, pois de bebida energética o mundo está cheio.

Ou seja, várias empresas conseguem criar soluções capazes de se conectar sentimentalmente com as pessoas. Enquanto robôs não param de substituir o trabalho humano ao redor do mundo, negócios vencedores entregam produtos que vão muito além da tecnologia e da inovação.

E isso é infalível. Sua marca deixa de ter clientes, que eventualmente trocam você por outro, e passa a ter torcedores, que jamais mudam o time do coração.

O efeito Rossano

Veja minha história de como entrei na XP Investimentos quando ela ainda era pequena e pouco conhecida.

Em 2005, eu trabalhava com tecnologia da informação em Porto Alegre. Estava bem, empregado em uma das maiores parceiras da IBM da América Latina. Não tinha do que reclamar. Naquela época, começou a se falar muito sobre bolsa de valores em função da expressiva alta que o mercado de ações estava tendo. Resolvi, então, fazer um curso sobre como investir na bolsa, oferecido pela XP.

Eram três noites de aula em um hotel da cidade. Dos oitenta alunos, fui um dos primeiros a chegar. Quando faltavam dez minutos para começar o curso, o instrutor apareceu. Ele passou voando pelo corredor, rapidamente conectou o *laptop* ao projetor, abriu um gráfico de uma empresa qualquer, e soltou: "vejam isso, olhem que *demais*, olhem a maravilha que aconteceu hoje"! Tomei um susto, mas fiquei curioso e comecei a me envolver com o que escutava, mesmo não entendendo nada.

Era nítida a paixão daquele indivíduo pelo que fazia. O brilho nos olhos, a motivação em falar, o sorriso no rosto. Tudo! Durante os dez minutos anteriores ao início da aula, cada aluno que chegava ficava vidrado naquele desconhecido instrutor.

A pessoa em questão chamava-se Rossano Oltramari, um dos seres mais espetaculares que a vida me apresentou. Ele se tornou, inclusive, meu padrinho de casamento uma década depois. Durante toda aquela noite, ele deu um verdadeiro show. Explicou a teoria do mercado financeiro misturando fatos da sua vida, compartilhando histórias e se conectando sentimentalmente com todos. Por algumas vezes, esqueci que estava em um curso sobre bolsa de valores, algo em geral tido como formal e técnico.

Na segunda noite, antes de começar a aula, Rossano perguntou se alguém tinha alguma dúvida em relação ao conteúdo do dia anterior. Foi aí que a magia aconteceu. Um senhor de 65 anos levantou a mão e pediu a palavra. Ele ficou em pé, respirou fundo e disse: "Rossano, ontem à noite, cheguei em casa, tomei um belo de um banho, fui para o quarto e falei à minha esposa: 'ainda bem que eu não faleci sem ter visto o seu curso'"!

A frase foi seguida por cinco segundos de silêncio. Todos estavam surpresos. Ao mesmo tempo, porém, todos estavam admirados, pois cada um se identificou com aquela frase de alguma maneira. O senhor de idade caminhou até o Rossano e deu um forte abraço nele. Outras duas ou três pessoas fizeram o mesmo. De repente, a turma inteira começou a aplaudir e gritar. Depois, todos se levantaram, ficaram em pé e continuaram fazendo barulho. Era uma verdadeira euforia. Uma comoção generalizada por uma pessoa que ninguém conhecia 24 horas antes.

Resultado: 100% da turma virou cliente da XP. Algum tempo depois, Rossano me convidou para trabalhar com ele. Aceitei na hora! Pedi demissão, virei sócio de um grupo incrível de pessoas e transformamos aquele pequeno negócio em uma instituição bilionária.

Lembre-se disso quando estiver criando a sua empresa: encontre a forma de atingir o coração das pessoas. Isso atrairá não só clientes, mas também profissionais fantásticos para sua causa.

Uma empresa de mídia clássica

A fabricante de automóveis Tesla Motors é uma empresa de mídia clássica. Ela se comunica tão bem com seu público que consegue vender seus carros antes mesmo de serem testados e ficarem prontos. Marc Tarpenning e Martin Eberhard, ambos engenheiros de computação com bons empregos, se conheceram nos anos 1990 por meio de uma amiga em comum.[77] O santo dos dois bateu tão bem que a amizade virou negócio.

Em 1998, já longe dos seus empregos anteriores, a dupla lançou o Rocket eBook, um dos primeiros leitores de livros digitais da história.

Com o rápido crescimento da internet, eles observaram que a venda de exemplares digitais aumentaria, criando o ambiente perfeito para esse tipo de produto. E realmente foi um sucesso para a época. Em 2000, o negócio foi vendido por 187 milhões de dólares.

Então os dois começaram a pensar em novas possibilidades. Tarpenning havia morado na Arábia Saudita. Eberhard começou a observar a instabilidade dos preços do petróleo quando pensou em comprar um carro esportivo. Assim, movidos pelas suas experiências pessoais, os dois desenvolveram a vontade de fazer um automóvel de altíssima performance que não dependesse de gasolina.

Com isso na cabeça, a dupla passou a frequentar a comunidade de carros amadores da Califórnia. Em uma oportunidade, conheceram o *tzero*, um esportivo completamente elétrico, silencioso e com aceleração idêntica a um Lamborghini. Após dirigirem o carro, decidiram de vez criar uma montadora de veículos elétricos. A estratégia foi começar por um esportivo de dois lugares para depois fabricar modelos mais tradicionais. Em 2003, então, nascia no Vale do Silício a Tesla Motors. O nome foi escolhido em homenagem a Nikola Tesla, o homem que patenteou o tipo de motor elétrico que iriam usar.

A busca por investidores, porém, foi árdua. Não havia ninguém disposto a colocar dinheiro no negócio. A quantia necessária para iniciar a produção era alta, assim como os riscos. Mas havia um cara. Na verdade, o cara: Elon Musk, cofundador do PayPal, que já tinha se interessado pelo *tzero*. Ele recebeu um e-mail da dupla e ambos agendaram uma reunião. O que era para ser uma conversa de meia hora durou mais de duas. A partir disso, em 2004, Musk fez o investimento inicial e se tornou presidente da empresa.

Dois anos depois, o primeiro carro foi oficialmente anunciado. O Tesla Roadster era um esportivo de altíssima performance que acelerava de 0 a 100 quilômetros por hora em 3,9 segundos. Foram quase 2.500 unidades vendidas até sua produção ser descontinuada em 2012.

O veículo foi vital para financiar o posterior desenvolvimento dos modelos mais populares da empresa.

Entrar no mercado com um produto caro, de alta qualidade e destinado a compradores endinheirados é uma estratégia bem conhecida no Vale do Silício e na indústria global de tecnologia. Os preços dos primeiros celulares, computadores pessoais e TVs de tela plana, por exemplo, eram caríssimos, mas eles começaram a diminuir na medida em que as novas versões foram lançadas. Isso ocorre porque a tecnologia amadurece e os volumes de produção aumentam.

Enquanto o preço unitário do Roadster foi de aproximadamente 100 mil dólares, os modelos seguintes custaram bem menos. O segundo veículo, chamado Tesla Model S, foi lançado em 2012 a partir de 70 mil dólares. Já o Model 3, anunciado em 2016, foi divulgado por 35 mil dólares.

Além disso, a incrível capacidade de inovação da empresa está rompendo os padrões da centenária indústria automobilística, que há um século funciona mais ou menos da mesma forma. Depois que Tarpenning e Eberhard deixaram a Tesla em 2008, a era Elon Musk definitivamente começou. Ele e suas ideias visionárias transformaram significativamente o negócio e todo o setor automotivo.

Grande parte da sua linha de montagem é operada por robôs, exigindo apenas uma fração dos funcionários que uma tradicional montadora emprega. Além disso, não existem concessionárias. A Tesla só possui lojas próprias para expor seus carros.[78] Nelas, não há vendedores ou pessoas comissionadas. Você entra, conhece o produto e faz o *test drive*. Se decidir comprar, alguém lhe ensinará a fazer o pedido pela internet.

Outro ponto importante é que em vez de fabricar e estacionar seus veículos no pátio à espera de compradores, a Tesla inverte o processo e só começa a produzir um carro depois que o cliente compra.[79] Todo automóvel sai da fábrica e vai direto à casa do consumidor. Quantas vezes você já viu pela televisão os estoques das montadoras lotados? Pois é, essa cena é insustentável no mundo de hoje.

No dia em que o Tesla Model 3 foi anunciado, em 2016, filas e mais filas se formaram em frente às lojas para reservá-lo. Só na primeira semana, foram 325 mil pedidos feitos em todo o mundo.[80] Cada pessoa pagou mil dólares para colocar o nome na lista. Em mais de um século de história automotiva, não existem casos de veículos que atraíram tanto interesse. Isso costuma ser visto em lançamentos de celulares e outros produtos parecidos, mas não em anúncios de carros.

Também não há proteção de patentes. Todos os projetos e códigos da empresa são abertos, livres para qualquer pessoa usar.[81] Além disso, é impossível barganhar melhores ofertas. Assim como a Apple não oferece descontos, Elon Musk também não reduz seus preços.

Apesar dos desafios para a marca ainda serem enormes, sobretudo em relação à disponibilidade das estações de carregamento e capacidade de entrega dos veículos prometidos, a Tesla já valia mais de 50 bilhões de dólares com quinze anos de vida. Isso representava 150% do valor de mercado da Ford no início de 2019, montadora que ultrapassa os cem anos de história.

14 A sua palavra tem poder

Falar bem impressiona

Alguns anos atrás, assisti uma palestra do Tony Blair, líder político e antigo primeiro-ministro britânico. Seu discurso foi impecável, limpo e objetivo. Muito bem articulado, sem vícios de linguagem, falhas ou gaguejos. Um dos principais oradores que já vi na vida. O que mais me chamou atenção, no entanto, não foi isso, mas sim a brilhante postura que ele teve no final, durante a seção de perguntas e respostas.

Para cada pergunta que alguém da plateia fazia, Blair respirava fundo, ficava em silêncio uns cinco segundos e só depois começava a responder. Contudo, ele dava respostas exemplares, que pareciam ensaiadas de tão convincentes. Uma argumentação muito bem estruturada com início, meio e fim. Era impossível diferenciar o discurso da sua resposta, elaborada ali, naquele momento, do discurso da sua palestra, ensaiada há meses. Sua habilidade com as palavras impressionou todos os presentes no evento.

É inegável que falar bem impressiona. Seu poder de convencimento aumenta quanto mais bem articulada for a sua fala. Eu já fiz inúmeros cursos de oratória que me ajudaram muito. Rodei o Brasil dando centenas de palestras e mantenho essa rotina no exterior. E para cada tipo de ambiente, seja com cinco ou cinco mil pessoas, existem diferentes técnicas que facilitam a condução de uma apresentação em público. Assim como os silenciosos segundos do Blair. Em vez de começar a falar ansiosamente depois da pergunta, ele espera, estrutura o discurso em sua cabeça, e só em seguida responde.

Falar bem é uma habilidade imprescindível para promover sua empresa. Um empreendedor deve ser capaz de cativar uma, cem ou milhares de pessoas. Você deve estar preparado para vender o seu negócio a qualquer hora, momento ou lugar. Não são apenas em feiras, eventos ou conferências. As oportunidades surgem quando menos se espera. Tive um minuto dentro de um Uber para convencer uma sul-africana a investir em *start-ups* brasileiras por meio da minha empresa. Uma semana depois, estava em seu escritório recebendo o cheque.

O discurso do elevador

Pode parecer doido, mas um bom exercício é tentar resumir o seu negócio em até trinta segundos. Essa é a recomendação de aceleradoras e incubadoras do Vale do Silício. Se você consegue falar o que faz em meio minuto, possivelmente as pessoas entenderão o seu propósito. Chamamos isso de *Elevator Pitch*, uma abordagem que enfatiza o seguinte: imagine você entrar em um elevador e se deparar com alguém

A sua palavra tem poder

muito importante, que pode fazer sua empresa avançar, decolar e crescer. O que você falaria?

Costumo dividir o discurso do elevador em três partes:

1 O que sua empresa faz?

Essa é a primeira frase. Você deve ser capaz de falar o objetivo da sua empresa de maneira simples e direta, sem exigir nenhuma informação prévia do ouvinte. Assuma que os outros não sabem absolutamente nada sobre o seu negócio. E não tem problema se você usar uma linguagem básica. Por exemplo, uma explicação sobre o Uber seria: "Nós somos o Uber, um serviço que lhe permite transportar passageiros em seu carro e ainda receber por isso".

2 Qual é o crescimento do mercado em que sua empresa está?

Pesquise sobre o mercado onde está inserido. Descubra seu tamanho e quanto ele cresce. Mais vale estar em um mercado pequeno e crescente do que em um grande e estagnado. Por exemplo: "Anualmente, os táxis de São Francisco faturam 300 milhões de dólares e a solicitação de corridas aumenta 20%. Acreditamos que parte dessa demanda pode ser atendida por qualquer pessoa e não só pelos taxistas".

3 Qual é a movimentação do seu negócio?

Deixe claro que está se movendo. Que o seu negócio já tem tração e que não está perdendo tempo. Por exemplo: "Lançamos o serviço há seis meses, já geramos uma receita total de 500 mil dólares e estamos crescendo 30% ao mês".

Então, por exemplo, se você fosse do Uber poderia dizer: "Nós somos o Uber, um serviço que lhe permite transportar passageiros em seu carro e ainda receber por isso. Anualmente, os táxis de São Francisco faturam 300 milhões de dólares e a solicitação de corridas aumenta 20%. Acreditamos que parte dessa demanda pode ser atendida por qualquer pessoa e não só pelos taxistas. Lançamos o serviço há seis meses, já geramos uma receita total de 500 mil dólares e estamos crescendo 30% ao mês".

Veja como é possível falar muita coisa em poucas frases. Monte seu *discurso do elevador*. Use palavras simples, mostre para algumas pessoas e melhore o texto até ficar facilmente compreensível. Treine e o decore. Você não faz ideia de quantas vezes vai usar.

Estrutura básica para surpreender no palco

Richard Branson certa vez compartilhou a seguinte definição de Winston Churchill. Para ele, uma palestra deve ser como a saia de uma mulher: longa o suficiente para cobrir o tema e curta o suficiente para criar interesse.[82]

Dar palestras é uma arte. É a sua chance de dizer às pessoas algo que seja marcante e é o momento em que todos esperam de você uma mensagem surpreendente e relevante. Existem inúmeras formas de estruturar uma apresentação, inclusive há cursos só sobre isso. Contudo, é vital abordar seis tópicos do seu produto quando for falar dele para potenciais investidores:

1 **Problema**: compartilhe que situação você pretende resolver. Dê exemplos, use imagens e dados que façam a audiência se identificar com essa dificuldade.

2 **Solução**: apresente como o seu produto ou serviço vai resolver o problema. Use palavras simples e diretas e não complique. Alguns empreendedores querem mostrar a complexidade que existe por trás das suas soluções. Aqui não é o momento.

Falar bem é uma habilidade imprescindível para promover sua empresa. Um empreendedor deve ser capaz de cativar uma, cem ou milhares de pessoas.

3 Tamanho da oportunidade: fale do tamanho do mercado em que está inserido e quanto ele cresce. Mostre números e gráficos que ilustram isso.

4 Tração do negócio: assim como no discurso do elevador, é fundamental deixar claro que você já está se mexendo. Se o produto ainda está em desenvolvimento, mostre que sua equipe já está trabalhando e quando será o lançamento. Caso ele esteja pronto, mostre algum indicador de crescimento, como evolução do número de clientes, receita ou lucro.

5 Como você ganha dinheiro: simplesmente fale como esse negócio vai fazer você e seus sócios ganharem dinheiro. Assisto a várias apresentações em que as pessoas fazem rodeios para explicar seu modelo de monetização (geração de receita). Não tenha vergonha de falar disso.

6 Time: uma das partes mais importantes é falar sobre sua equipe. Quando alguém coloca dinheiro na sua empresa, investe nas pessoas. Só elas poderão transformar uma apresentação maravilhosa de PowerPoint em realidade. Mostre os membros do seu time, fale quem são vocês e destaque seus pontos fortes. Lembre-se de que seu produto poderá passar por várias transformações até chegar ao formato ideal. Os potenciais investidores querem ter certeza de que seu time é capaz de realizar essas mudanças.

Se tiver muito tempo para uma reunião ou palestra, tente não falar mais de 25 minutos. Essa duração é excelente para manter o foco de todos. Se precisar falar em menos de cinco minutos, como acontece na maioria dos eventos do Vale do Silício, reforce os destaques da empresa e busque despertar o interesse da plateia. Nesses eventos, tudo é muito rápido. Em geral, vinte ou trinta empresas falam em sequência para centenas de investidores.

Ah, e ninguém é obrigado a conhecer os termos e jargões do mundo em que você vive. Use palavras extremamente acessíveis para aproximar o seu produto da realidade de todos. Ou metáforas para facilitar o entendimento. Algumas pessoas acham que para convencer é preciso falar termos complicados, americanizados ou difíceis. Ou que expressões básicas são superficiais demais. No entanto, é justamente o contrário. O simples impacta mais que o complexo.

Uma vez dei uma palestra sobre investimentos em que três conhecidos jogadores de futebol estavam presentes. Ao final, um deles me falou que pela primeira vez tinha entendido a lógica do mercado financeiro. Em troca, ganhei um autógrafo! Isso só aconteceu porque em vez de falar que uma taxa de administração de 5% pode ser cara para alguns produtos financeiros, eu perguntei se alguém ousava comprar um automóvel Gol por 100 mil reais. Ou em vez de dizer que o consumidor perdeu 10% do poder de compra no ano, eu falei que 10 reais em janeiro viraram 9 reais em dezembro.

Ou seja, traduza sua linguagem para a versão mais simples possível. Estruture sua palestra com os seis tópicos aqui mostrados. E treine várias vezes. Você dará um grande passo rumo à criação de uma apresentação objetiva, impactante e direta ao ponto.

O mais popular programa de apresentações

Há cinquenta anos, uma reunião de trabalho costumava ser uma discussão entre colegas de departamento. Engenheiros se reuniam com engenheiros falando a linguagem da engenharia. Vendedores conversavam com vendedores usando a linguagem de vendas. E assim por diante.

Contudo, a indústria mudou. A necessidade de entender os anseios do cliente forçou o aumento das interações dentro das corporações. Funcionários precisaram encontrar maneiras de convencer outros setores. E novas perguntas começaram a surgir. Podemos fazer isso? Se eu projetar dessa forma, você consegue vender mais? É mais fácil produzir em azul ou em vermelho?

Foi nesse novo ambiente, em que um departamento precisou falar a língua do outro, que os recursos visuais prosperaram. Os retroprojetores, que já eram amplamente utilizados nas escolas, surgiram como solução e invadiram o ambiente de trabalho. Entre 1975 e 1985, suas vendas triplicaram nos Estados Unidos.[83]

As apresentações realizadas com esses aparelhos eram a melhor forma de traduzir as ideias para o restante da empresa. Usando transparências que misturavam textos e imagens desenhadas à mão, ficava mais fácil comunicar os objetivos de uma atividade, tarefa ou projeto.

Em 1982, Robert Gaskins, um PhD que liderava o setor de tecnologia de uma empresa de telecomunicações, retornou de uma longa viagem ao exterior. Ao olhar o que tinha acontecido enquanto esteve ausente, viu seus colegas em apuros. Eles queriam mostrar seus projetos a investidores, mas estavam quebrando a cabeça com a preparação das lâminas e das palestras. Faltava habilidade para desenhar as transparências e manusear os retroprojetores.

Vendo aquilo, ele instantaneamente teve uma ideia. Criar um programa para fazer apresentações profissionais usando os recursos gráficos dos novos computadores da época. Confiante na oportunidade, ele largou seu emprego em 1984 e entrou para a Forethought, uma fabricante de softwares localizada em Sunnyvale, no Vale do Silício. Seus fundadores também enxergavam enorme potencial na modernização dessa indústria e convidaram Gaskins para trabalhar com eles.

Lá, criou-se o ambiente ideal para desenvolver o projeto. Investidores foram encontrados, pessoas foram contratadas e o produto começou a nascer. A ideia não era criar só um programa para fazer *slides*. O plano era permitir a estruturação completa de uma apresentação, desde a elaboração do rascunho até a revisão geral. Facilitando, inclusive, o sequenciamento das lâminas e a reutilização dos conteúdos antigos para a fabricação de novos. Inicialmente chamado de Presenter, o software foi batizado de PowerPoint para não coincidir com o nome de outra marca já existente.[84]

A questão, contudo, é que Forethought estava cheia de problemas. Nada do que prometia era entregue. Além disso, o dinheiro da empresa acabou e os investidores precisaram ser novamente chamados. No entanto, nenhum deles aceitou colocar um centavo a mais no negócio.

Um desses investidores, porém, acreditava no produto. Richard Kramlich, cofundador da New Enterprise Associates (NEA), hoje uma das maiores empresas de capital de risco do mundo, pediu autorização para seus sócios e investiu por conta própria no PowerPoint. Com o recurso, Gaskins e a Forethought conseguiram terminar o produto e lançar a primeira versão em 1987.

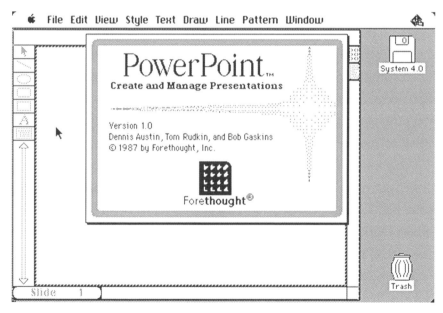

Primeira versão do PowerPoint em 1987[85]

Inicialmente disponível só para Macintosh, a novidade se espalhou e diversos profissionais começaram a usar, empresas abandonaram antigos métodos e jornais destacaram massivamente a solução. A notícia não demorou a chegar à Microsoft, que desenvolvia algo parecido e tinha muito interesse no produto. Ainda no mesmo ano, Bill Gates fez sua primeira grande aquisição da história comprando o PowerPoint por 14 milhões de dólares e assumindo o controle da Forethought.

Interessante que a Microsoft queria pagar 100% desse valor em ações. No entanto, os donos da Forethought achavam as ações de Bill Gates arriscadas demais. Exigiram todo o pagamento em dinheiro! Bem, não preciso dizer quantas centenas de vezes as ações da Microsoft se valorizaram de 1987 para cá.

Entender o investidor para saber falar com ele

Se você tem um negócio, em algum momento falará dele para potenciais investidores. Seja num palco ou numa sala de reuniões, usando PowerPoint ou não. Mais cedo ou mais tarde, isso acontece. No início deste livro, mostrei que o acesso ao capital é um dos três ingredientes que promovem o desenvolvimento de um ecossistema empreendedor (rebelião, conhecimento e capital).

Assim, para saber falar com o investidor é fundamental você entender por que ele é importante. Convidei Pedro Englert para escrever sobre isso. Ele foi sócio da XP (participamos da construção da empresa juntos) e CEO do InfoMoney, o maior site especializado em investimentos pessoais do país. Atualmente, além de investir em mais de dez *start-ups*, é também sócio do StartSe, a maior plataforma do Brasil para conectar empreendedores, investidores e mentores.

Cinco pontos que mostram a importância do investidor, por Pedro Englert:

Os donos do dinheiro sempre desempenharam importante papel no desenvolvimento das nações. Na Itália, a família Medici no século XV.

Nos Estados Unidos, a família Rockfeller no início do século XX. No Brasil, o nosso ilustre Barão de Mauá. Todos entraram para a história e serão sempre lembrados como importantes agentes da evolução. No mercado de *start-ups*, isso não é diferente. Contudo, há uma sutil variação. Ele é bem mais democrático.

Capital de risco

Capital de risco, ou *venture capital* em inglês (comumente abreviado como VC), é o nome dado aos investimentos realizados para comprar participações de empresas privadas que estão em fase inicial ou criando novas linhas de negócios. Eles aceitam um risco maior, mas buscam retornos mais agressivos.

Nos capítulos anteriores, você leu que o investimento na Fairchild Semiconductor foi uma das primeiras operações de capital de risco do mundo. Isso foi em 1957. A partir de então, esse mercado se estruturou, ganhou força até o final da década de 1990, quando estourou a bolha das empresas "ponto com", e retomou o seu vigor a partir de 2005.

A forma como os VCs montam suas teses de investimento é vital para o desenvolvimento de um ecossistema empreendedor. *O que eles fazem é precificar a falha e o erro, essenciais para a inovação.* Eles apostam em projetos revolucionários que só serão comprovados financeiramente depois de colocados em prática. Eventualmente, até atingir o estágio de monetização, milhões e milhões de recursos podem ser consumidos. Facebook, Instagram e WhatsApp, por exemplo, só iniciaram o processo de monetização depois de terem conquistado muitos usuários. Assim como a Amazon, fundada em 1994, que gerou lucro apenas em 2003, quase dez anos depois.[86]

Para você ter uma ideia, alguns VCs aceitam que apenas dois entre dez projetos investidos tenham retorno. Entretanto, o resultado financeiro desses dois negócios é tão significativo que ele compensa o prejuízo gerado pelas oito empresas fracassadas.

Uma *start-up* pode receber as seguintes formas de investimento:

- **Bootstrapping**: dinheiro investido pelos sócios ou originado pelo próprio resultado da *start-up*.

- **Investimento-anjo**: o primeiro investimento que a empresa recebe. No Brasil, ele vai até 500 mil reais e pode ser feito por mais de uma pessoa. O investidor-anjo procura *start-ups* para contribuir com o seu *know-how*, assim, ele não só ajuda financeiramente, mas também com sua experiência e seu conhecimento. Na maioria das vezes, esse aporte é feito na fase de validação do modelo de negócios.

- **Seed Money**: no Brasil, esse investimento é de 500 mil reais a 2 milhões de reais, geralmente feito por um grupo de investidores ou por meio de fundos. O recurso costuma ser utilizado para o crescimento da empresa, uma vez que o modelo de negócios já foi testado antes.

- **Série A, Série B, Série C, e assim por diante**: entre outros objetivos, visam refinar a estratégia, escalar produção e vendas, realizar fusões, aquisições e expandir fronteiras. Normalmente, são feitos por fundos de capital de risco ou grandes investidores que procuram diversificar seus investimentos.

2 Pontos positivos e negativos de receber investimento de VCs

Receber investimento de um fundo de *venture capital* é sempre motivo de alegria. Esse evento reconhece que o seu trabalho e esforço têm valor. Contudo, esse não é necessariamente o único ou o melhor caminho a seguir.

Cito entre os pontos positivos do VC o fato de que alguém externo reconhece o valor da sua empresa e gera uma percepção positiva em seus clientes, fornecedores, parceiros e investidores. Naturalmente, você ganha fôlego para crescer ou testar novos canais. E os VCs passam a contribuir contigo através da sua experiência e do seu networking.

Já entre os pontos negativos, acontece que para conseguir altas taxas de retorno, alguns VCs forçam o crescimento das *start-ups*, mesmo cientes de que várias ficarão pelo caminho. Para um fundo de *venture capital* que está diversificado, essa estratégia é válida, mas para o empreendedor que depende exclusivamente do seu negócio, isso pode ser bem doloroso se a sua empresa morrer na praia. Além disso, caso a *start-up* receba uma proposta de investimento (ou compra) que não esteja alinhada com a expectativa do VC, este pode vetar, mesmo se os empreendedores acharem a proposta interessante.

Recomendo o site Exits[87] caso queira entender mais sobre os prós e contras desses investimentos ou outras estratégias que os VCs utilizam.

3 O mentor-investidor

Para uma *start-up* em estágio inicial, existe uma figura mais importante que o investidor: o mentor. Muitas vezes, recebo ou assisto a apresentações de empreendedores motivados, que criaram ideias bacanas, mas sem uma visão prática de como colocá-las no mercado ou de como transformar aquele produto em um negócio. Via de regra, vejo muito mais produtos bons do que bons negócios.

O Brasil está repleto de executivos talentosos, com conhecimento, experiência e vontade de empreender. Porém, por razões diversas, não podem. Muitas vezes, encontrar esses executivos e convidá-los para serem seus mentores pode ser muito mais útil do que conseguir um investidor.

O melhor dos mundos é quando o investidor-anjo também pode ser um mentor. Ele oferece o chamado *smart money,* pois contribui tanto com o dinheiro quanto com as decisões estratégicas do negócio.

4 O momento certo de buscar investimento

Quanto mais inicial for o projeto, maior é o risco de dar errado. Os investidores sabem disso e precificam esse cenário. Assim, quanto mais fôlego o empreendedor tiver para conduzir o seu negócio sem buscar investimento, maior será a chance de conseguir um investidor e da sua *start-up* ser mais bem avaliada.

Eu, por exemplo, só invisto em empresas que já tenham MVP testado e time formado, com um responsável por tecnologia e programação. Minhas experiências mostraram que as chances de falha são muito altas sem isso, não justificando o risco do investimento.

5 Validando o modelo de negócios com CAC e LTV

Os negócios são cada vez mais digitais e dependentes de tecnologia. Com isso, eles se tornaram menos arte e mais ciência, pois tudo pode ser medido e controlado. Ao estudar as mais bem-sucedidas *start-ups*, observamos que todas têm painéis de controle superestruturados, que medem praticamente tudo. Assim, é possível identificar gargalos e caminhos vencedores.

Um conceito muito analisado pelo mercado, e válido para quase todas as *start-ups*, é comparar o custo de aquisição de um cliente (CAC, do inglês *customer acquisition cost*) com o quanto esse mesmo cliente gera de resultado financeiro para a empresa ao longo da sua vida (LTV, do inglês *lifetime value*).

Quando o LTV é menor que o CAC, o negócio não vai bem, pois se gasta mais dinheiro para conquistar um cliente do que a receita gerada por ele. Já quando o LTV é igual ou até três vezes superior ao CAC, a operação começa a ficar interessante, pois o resultado gerado pela *start-up* possivelmente cobre os demais custos do negócio. Por fim, se o LTV é mais do que três vezes superior ao CAC, o negócio é uma estrela, facilmente conseguirá investimento e possivelmente terá sucesso, pois para cada real investido, temos mais de três reais de retorno. O desafio, nesse caso, é escalar.

15 Conhecimento e paixão importam

A matemática do Vale

É incrível ver como o ímpeto empreendedor do Vale do Silício está estreitamente ligado às instituições de ensino da região. Universidades e centros acadêmicos de inovação se misturam ao ecossistema de novos negócios e participam ativamente do desenvolvimento de *start-ups* e projetos transformadores. É nítido para todos que investir em educação e conhecimento gera valor.

Veja isso: como são os tradicionais problemas de Matemática que as escolas ensinam para os alunos? Em geral, o enunciado mostra algumas variáveis, apresenta uma situação e exige a solução. Algo como X e Y valem tanto, então

ache o valor de Z. Não é assim? Os alunos recebem as variáveis definidas e todos precisam encontrar a mesma resposta.

Pois bem, visitei uma escola de Palo Alto recentemente. Sabe
como os jovens do Vale aprendem a resolver os problemas de Matemática? A pergunta é: quantos carros cabem em uma rodovia? Isso mesmo. Nem mais, nem menos. Esse é o estilo do enunciado. Cada aluno é
estimulado a criar e definir as próprias variáveis em vez de recebê-las
prontas. Assim, uma resposta simples para esse exercício seria: consi-
derando uma estrada de três quilômetros, com três faixas, onde cada
veículo tem em média três metros de comprimento, então cabem 3 mil
carros nessa rodovia.

Na vida real, as variáveis *não* são claramente definidas e quanti-
ficadas. Muito pelo contrário! A tomada de decisão exige escolhas e o
empreendedor é essencialmente um profissional que assume riscos,
escolhe estratégias e estabelece ações. Ninguém vai dizer a ele quanto X
e Y valem.

Assim, desde a adolescência, os jovens do Vale do Silício são edu-
cados de forma única para serem os criadores das empresas do futuro.
E depois de saírem da escola, eles continuam esse processo de aprendizagem em uma das respeitadíssimas instituições de ensino existentes
na região. Tenho bastante envolvimento com as quatro universidades
listadas a seguir.

- **Singularity University**: seguramente, um dos centros de
  inovação e futurismo mais importantes da atualidade, procura-
  do por executivos e presidentes de empresas do mundo inteiro.[88]
  Localizado dentro do parque de pesquisas da NASA, busca encontrar soluções para as mudanças que vão remodelar a economia
  e a sociedade global nas próximas décadas.

- **Draper University of Heroes**: um dos cursos de empreendedorismo mais procurados pelos jovens. O programa foi

criado por Tim Draper,[89] uma lenda do capital de risco do Vale do Silício e um dos principais investidores de empresas como Hotmail, Skype e Tesla. A temática da instituição é baseada em super-heróis e promete transformar seus alunos em um deles. Uma das perguntas do formulário de inscrição é: "se você fosse um super-herói, que poderes você teria?".

- **Stanford University**: uma das melhores universidades do mundo.[90] Fundada em 1885, seus ex-alunos já criaram empresas como HP, Google, Yahoo, Instagram e Snapchat. Se somarmos as receitas anuais de todas as empresas já criadas por seus estudantes (2,7 trilhões de dólares), Stanford seria a décima maior economia do planeta.

- **UC Berkeley**: também integra a lista das mais bem-conceituadas universidades globais.[91] Seus estudantes e funcionários já ganharam mais de setenta Prêmios Nobel desde 1868, quando a instituição foi criada. Gordon Moore (cofundador da Intel), Steve Wozniak (cofundador da Apple) e Eric Schmidt (presidente do Google) são alguns dos seus ex-alunos. Considerada uma das principais fomentadoras do empreendedorismo no Vale, seu campus abriga três incubadoras de *start-ups*.[92]

Você conhece a diferença entre a deusa do conhecimento e a deusa da riqueza? Digamos que um rapaz está num bar, tomando alguma coisa, quando a deusa da riqueza surge. Ele, então, resolve falar com ela. A conversa é boa e descontraída. Depois de certo tempo, ela parece tão íntima que estimula o rapaz a pedir o telefone dela. Ela escreve um número qualquer em um papel, vira as costas e nunca mais aparece.

Alguns dias depois, no mesmo bar, aparece a deusa do conhecimento. Mais uma vez, o rapaz inicia a conversa. O papo agora é mágico, envolvente e interessante. Ambos descobrem várias coisas novas. Depois desse dia, eles se encontram várias e várias vezes, por vários meses e anos. E quando a deusa da riqueza fica sabendo, enciumada, volta e vai procurá-lo.

Esse ensinamento chinês mostra que se você mirar unicamente em ganhar dinheiro, pode até se aproximar da riqueza, mas nunca a alcançará. Já se mirar no conhecimento, a trajetória será cativante, e provavelmente mais demorada, mas um dia a riqueza vai lhe procurar.

Um exemplo brasileiro

Até aqui, mostrei inúmeros exemplos de *start-ups* do Vale do Silício. No entanto, todos os conceitos apresentados neste livro podem ser aplicados em qualquer lugar do mundo, inclusive no Brasil. Por isso, quero apresentar a história do iFood, líder em *delivery* de refeições no Brasil e na América Latina. Lançado em 2011, conquistou 80% do mercado brasileiro em apenas cinco anos. Observe como é possível construir algo espetacular, transformador e disruptivo em nosso país. Em vez de eu mesmo escrever, convidei o próprio Patrick Sigrist, fundador da empresa, para compartilhar sua trajetória.

A história do iFood, por Patrick Sigrist

Eu poderia contar que o iFood nasceu de uma ideia brilhante que eu tive quando voltava da praia após passar o ano novo. Depois de ficar oito horas no carro com minha esposa e minhas duas filhas, chegamos em casa mortos de fome e resolvi pedir uma pizza onde sempre pedíamos. Infelizmente, o lugar estava fechado. Já era quase meia-noite. Insisti em mais alguns restaurantes, procurei na lista telefônica e na internet. Todos, porém, estavam fechados ou não operavam mais o *delivery*.

Depois de uma hora, minha filha de 8 anos (desesperada de fome) me perguntou se a pizza já havia chegado. Quando falei que ainda estava tentando fazer o pedido, ela disse: "Pai, não acredito que você não consegue entrar em um aplicativo, consultar quais restaurantes entregam aqui em casa e fazer o pedido de uma vez"! Nesse momento, ficou claro que existia uma enorme oportunidade e que ninguém estava trabalhando para facilitar a vida dos famintos que gostariam de comer no conforto do seu lar.

Assim como nessa história, em cada *case* de sucesso há sempre uma ideia brilhante que expõe o momento mágico da virada e quão inteligente e visionário foi o empreendedor que transformou aquele instante em uma empresa bem-sucedida. No entanto, eu realmente acredito que quase nunca é assim. Essas histórias vão sendo criadas e recriadas pelos vencedores por inúmeras razões. Elas passam a ser contadas com *glamour* em retrospectivas, assim como economistas que explicam com minuciosos detalhes os motivos da queda ou do aumento do dólar, da taxa de desemprego ou da inflação. Contudo, todas essas histórias compartilham um único detalhe: elas só são contadas depois de o evento acontecer.

O iFood surgiu, na verdade, por causa da necessidade de melhorar e facilitar a vida das pessoas que pediam *delivery* por meio de um serviço que já existia desde 1997, chamado Disk Cook. Junto com meus sócios Patrick Eberhardt e Daniela Klabin, sempre buscamos oferecer a melhor experiência possível para quem estava com fome. Ele também surgiu porque essa empresa precisava dar lucro e crescer. Porque eu não aguentava mais atender o Nextel que tocava a cada minuto, seja por problemas de sistema ou por greve de entregadores (o que quase fez com que eu desistisse do empreendimento três vezes). E porque tive muita sorte de trazer como sócios outras quatro pessoas maravilhosas e mais competentes do que eu.

A Disk Cook oferecia um serviço completo de *delivery*, contemplando desde marketing de captação de clientes, atendimento via telefone, entrega e controle das transações financeiras. Éramos responsáveis pela "parte difícil" da operação, pois gerenciávamos os pedidos e tudo que precisava ser feito para enviar as refeições dos restaurantes até a casa dos clientes.

Em 2006, depois de vários anos trabalhando nesse mercado, fui à Dinamarca visitar uma empresa que fazia apenas a "parte fácil". Ela chamava-se Just-Eat (hoje líder mundial no segmento) e era um *marketplace*, ou seja, um serviço para conectar consumidores e vendedores. Seu negócio registrava os pedidos dos clientes e repassava aos restaurantes, que se responsabilizavam pela entrega. Naquele momento, ficou nítido que para expandir a Disk Cook, seria necessário mudar nosso modelo e criar o que se tornaria o maior *marketplace* de restaurantes para *delivery* do Brasil.

Após vários anos trabalhando a "parte difícil" da operação, adquirimos um conhecimento que poucos no mundo possuem deste mercado. Depois de muito sofrimento, e quando internet e *delivery* estavam crescendo absurdamente no país, resolvemos lançar o iFood como um modelo alterado do Disk Cook, onde faríamos apenas a "parte fácil" (adeus Nextel, adeus entregadores). Criamos um *marketplace* e conectamos clientes com fome a restaurantes com necessidade de aumentar suas vendas.

Em 2010, dois anos após convidar as quatro pessoas brilhantes (Edu, Felipe, Guilherme e Motta), quase recém-formadas, que trabalhavam com consultoria e que buscavam provar que também eram capazes de criar e executar algo, o iFood on-line foi separado do iFood *off-line* (Disk Cook). E por meio de um investimento inicial da Warehouse (empresa de capital de risco), começamos a gerar os primeiros pedidos.

Trabalhando com os mais conceituados e exigentes restaurantes de São Paulo e Rio de Janeiro, já tínhamos a melhor e maior plataforma de *delivery* do Brasil, capaz de entregar uma boa experiência aos clientes, tanto pelo *website* quanto pelo *mobile*. Nosso *app* foi criado bem antes dos aplicativos das grandes empresas mundiais, pois já usávamos essa tecnologia na Disk Cook para atender alguns restaurantes.

Passado um ano de vida, estruturamos bem a empresa e gastamos muito dinheiro com força comercial para aumentar a rede de fornecedores. No entanto, ainda estávamos muito atrás em relação ao número de pedidos. E a concorrência, formada pelas maiores empresas mundiais do setor, estava crescendo no Brasil.

Nesse momento chave, ficamos quase sem dinheiro e sem saber se sobreviveríamos. Foi quando consegui fechar uma nova rodada de investimento, desta vez com a Movile. Esse acordo, além de nos trazer disponibilidade de caixa, permitiu um grande avanço em nosso modelo de gestão. A partir daí, focamos muito em metas e resultados, e os números de pedidos não pararam de crescer.

Felipe Fioravante, CEO da empresa, desempenhava um papel brilhante no crescimento do negócio. Eu, como presidente do conselho, focava mais nas fusões e aquisições, fundamentais para a consolidação do mercado e liderança absoluta (fatores-chave quando se trata de um *marketplace*).

Mesmo tendo concorrentes com muito mais capital, ganhamos a guerra e dominamos o mercado brasileiro. Fatores como o bom relacionamento entre os sócios, uma plataforma que entregava muito mais valor para toda a cadeia, um aplicativo para celular (super bem avaliado) lançado antes da concorrência, o bom relacionamento com os principais parceiros, a capacidade de levantar dinheiro com facilidade, além de muita sorte, foram fundamentais para nosso sucesso. *Saber reconhecer quando outra pessoa pode desempenhar uma função melhor do que você e não ter problemas de ego com isso é vital para a saúde de qualquer empreendimento.*

O iFood não foi criado apenas como uma *start-up* que precisava dar dinheiro aos seus investidores. Foi um negócio construído para realmente mudar a experiência dos seus usuários. Uma empresa, nascida pela necessidade de sobrevivência, que conhecia exatamente os gargalos e as necessidades dos seus restaurantes parceiros. Um serviço que permitiu a qualquer pessoa pedir qualquer comida de maneira fácil e simples.

Seja apaixonado pela sua causa

Empreender é uma das tarefas mais desgastantes do mundo. Existem várias formas de se ganhar dinheiro e você deve pensar muito bem antes de sair fazendo alguma coisa. Ter participado da criação de uma das maiores instituições financeiras da América Latina e também de uma das principais plataformas de conexão entre *start-ups* e investidores do Brasil foi muito recompensador e gratificante, mas também foi dolorido. Trabalhei feito um cachorro e renunciei a muita coisa para chegar lá.

Só inicie uma jornada ciente dos desafios que virão, pois eles virão. Contudo, uma vez que eles sejam superados, a realização que sentirá será absurdamente melhor que as dificuldades pelas quais passou, as noites que perdeu, os dias em que não se alimentou. Por exigir tanto de você, empreenda com um propósito verdadeiro. *Não crie algo apenas para ser o seu próprio chefe. Crie um novo mundo para viver.* Faça seu esforço valer a pena.

Trabalhe por uma causa que realmente ame. Dez entre dez leituras sobre empreendedorismo falam disso, mas você só conseguirá levar as pessoas para níveis extremos de foco e produtividade se for apaixonado pelo que faz. Sem amor e brilho nos olhos, é muito provável que você desista em algum momento ao longo do caminho.

Portanto, acredite que é possível. Se o caminho é difícil, é provável que seu objetivo seja grande e desafiador. Se a jornada é moleza, possivelmente não alcançará nada muito significativo. Assim, visto que vai se dedicar a algo, não desperdice seu tempo com pouca coisa. Encare os desafios da vida e trabalhe para transformar o mundo num lugar *muito* melhor.

O que vimos até aqui foi apenas a faísca inicial

Você leu aqui que a sociedade passa por transformações nunca antes vistas. As tecnologias estão convergindo a uma velocidade sem precedentes e provocando mudanças em praticamente todos os setores da economia. Vivemos em uma época em que tudo fica obsoleto mais depressa. Não só produtos ou serviços desaparecem substituídos por outros, mas

Conhecimento e paixão importam

Não crie algo apenas para ser o seu próprio chefe. Crie um novo mundo para viver.

modelos de negócios inteiros estão sendo devorados por formas mais eficientes de trabalho. Setores tradicionais, que funcionam da mesma forma há décadas, enfrentam a concorrência de soluções criadas por empreendedores de garagem dispostos a romper com o sedentarismo de certas indústrias por meio de soluções melhores e mais eficientes.

O Uber revolucionou a indústria de táxis sem ter nenhum táxi. O Airbnb é a maior rede de hospedagens do mundo sem ter nenhum hotel. O Netflix é o maior cinema do planeta sem ter nenhum inventário. A Tesla vende os carros mais desejados da atualidade sem ter nenhuma concessionária. E várias outras mudanças estão em curso. Tudo que vimos até aqui foi, na verdade, só a faísca inicial da fogueira.

Além disso, talvez você não tenha percebido que o seu emprego, assim como o de milhões de trabalhadores, está em risco. As mudanças *não* vão ocorrer só na grama do vizinho, mas na *sua* também. É por isso que o empreendedorismo virou um fenômeno global. O bom profissional e as pessoas mais talentosas do planeta já se deram conta de que não dá para esperar pelos outros. O futuro da sociedade global será escrito por gente inconformada com as amarras do sistema, disposta a romper com setores em que a inovação ainda não acontece. Só o empreendedorismo tem a força e o desprendimento para fazer isso. Quem mudará o mundo são as pessoas que jogam nesse time, os que fazem, não os que olham. São os que enfrentam, não os que reclamam.

No epicentro disso tudo está o Vale do Silício e os demais ecossistemas de empreendedorismo e inovação espalhados pelo mundo. São nesses centros que nascem a maioria dos negócios que transformam o nosso planeta em um lugar diferente. Jovens empresas, criadas como *start-ups*, deixam de lado formalidades e hierarquias para atacar o coração do problema, usando tecnologia e inteligência para impactar positivamente a vida de todos. Quem não acompanhar, ficará para trás. Quem não entender para onde o futuro caminha, ficará obsoleto.

Conhecimento e paixão importam

Uma geração de INCANSÁVEIS, que não aceita mais a mesmice das coisas, está reescrevendo completamente o mundo onde vivemos.

Referências

1. Região na Califórnia, originalmente conhecida como Silicon Valley, polo industrial e que concentra diversas empresas de tecnologia da informação, computação, entre outras. Disponível em: <http://www.infoescola.com/informatica/vale-do-silicio/>; acesso em: 14 jul. 2016.

2. Disponível em: <http://www.economist.com/blogs/graphicdetail/2014/03/daily-chart-7>. Acesso em: 14 jul. 2016.

3. Disponível em: <http://www.forbes.com/sites/oracle/2014/12/19/ray-wang-cloud-is-the-foundation-for-digital-transformation>. Acesso em: 14 jul. 2016.

4. Disponível em: <http://www.zenithoptimedia.com/google-strengthens-position-worlds-largest-media-owner-2>. Acesso em: 15 jul. 2016.

5. Disponível em: <http://www.nytimes.com/1996/12/02/business/mcdonalds-ranks-as-the-no-1-brand.html>. Acesso em: 15 jul. 2016.

6. MENDES, Artur. Mensagem do leitor. *Jornal Valor Econômico*, 05 maio 2016.

7. Disponível em: <http://recode.net/2015/12/28/the-stealth-attempt-to-defeat-aging-at-googles-calico>. Acesso em: 16 jul. 2016.

8. Disponível em: <http://www.theguardian.com/science/2015/jan/11/-sp-live-forever-extend-life-calico-google-longevity>. Acesso em: 16 jul. 2016.

9. Disponível em: <http://www3.pucrs.br/pucrs/files/adm/asplam/Aevolucaodaexpectativadevida.pdf>. Acesso em: 17 jul. 2016.

10. Disponível em: <http://www.who.int/mediacentre/news/releases/2016/health-inequalities-persist/en/>. Acesso em: 17 jul. 2016.

11. Disponível em: <http://www.trueactivist.com/bmw-to-only-produce-electric-vehicles-within-10-years>. Acesso em: 17 jul. 2016.

12. Disponível em: <http://www.huffingtonpost.com/entry/toyota-to-stop-selling-traditional-gasoline-cars-by-2050_us_561e5a7be4b0c5a1ce61380a>. Acesso em: 17 jul. 2016.

13. Disponível em: <http://www.investopedia.com/articles/investing/052014/how-googles-selfdriving-car-will-change-everything.asp>. Acesso em: 17 jul. 2016.

14. Disponível em: <http://www.driverless-future.com/?cat=26>. Acesso em: 17 jul. 2016.

15. Disponível em: <http://www.treehugger.com/cars/what-happens-parking-garages-when-self-driving-cars-rule-road.html>. Acesso em: 17 jul. 2016.

16. Disponível em: <https://www.engadget.com/2018/12/05/waymo-one-launches/>. Acesso em: 17 abr. 2019.

17. Disponível em: <http://www.telegraph.co.uk/technology/technology-topics/11196145/The-six-worst-predictions-in-the-history-of-technology.html>. Acesso em: 18 jul. 2016.

18. Disponível em: <http://www.engadget.com/2016/01/06/184-delivery-drone-for-people>. Acesso em: 18 jul. 2016.

Referências

19. Disponível em: <https://oglobo.globo.com/economia/em-parceria-com-embraer-uber-lanca-projeto-de-veiculo-voador-22666151>. Acesso em: 17 abr. 2019.

20. Disponível em: <http://bigthink.com/amped/bre-pettis-on-the-disruptive-future-of-3d-printing>. Acesso em: 18 jul. 2016.

21. Disponível em: <http://www.forbes.com/sites/freddiedawson/2014/09/30/how-disruptive-is-3d-printing-really>. Acesso em: 18 jul. 2016.

22. Disponível em: <http://www.theverge.com/2016/2/15/10995730/3d-print-human-tissue-ear-muscles-bone>. Acesso em: 18 jul. 2016.

23. Disponível em: <http://www.23andme.com>. Acesso em: 18 jul. 2016.

24. Disponível em: <http://ecowatch.com/2015/12/17/elon-musk-solar>. Acesso em: 18 jul. 2016.

25. Disponível em: <http://semtive.com/en/home>. Acesso em: 18 jul. 2016.

26. Disponível em: <http://ofuturodascoisas.com/6-futuristas-falam-como-sera-proxima-decada>. Acesso em: 18 jul. 2016.

27. Disponível em: <http://www.google.com/intl/pt-BR/loon>. Acesso em: 18 jul. 2016.

28. Disponível em: <http://fortune.com/2016/05/12/robot-lawyer>. Acesso em: 26 jul. 2016.

29. Disponível em: <http://www.theverge.com/2016/3/9/11180418/hilton-ibm-connie-robot-watson-hotel-concierge>. Acesso em: 26 jul. 2016.

30. Disponível em: <http://www.bitcoinvalues.net/who-accepts-bitcoins-payment-companies-stores-take-bitcoins.html>. Acesso em: 18 jul. 2016.

31. Disponível em: <http://www.usnews.com/news/blogs/data-mine/2015/11/03/why-would-amazon-open-a-real-bookstore>. Acesso em: 18 jul. 2016.

32. Disponível em: <https://pt.wikipedia.org/wiki/Nikolai_Kondratiev>. Acesso em: 26 jul. 2016.

33. Disponível em: <http://en.wikipedia.org/wiki/List_of_S%26P_500_companies>. Acesso em: 18 jul. 2016.

34. Disponível em: <http://qz.com/656443/we-are-now-witnessing-elon-musks-slow-motion-disruption-of-the-global-auto-industry>. Acesso em: 18 jul. 2016.

35. Disponível em: <https://startupgenome.com/>. Acesso em: 17 abr. 2019.

36. Disponível em: <http://bizstart.com.br/startup-12-cases-de-sucesso-no-brasil>. Acesso em: 18 jul. 2016.

37. Disponível em: <https://itmidia.com/os-5-unicornios-brasileiros-de-2018-e-o-que-esperar-para-as-startups-em-2019/>. Acesso em: 17 abr. 2019.

38. Disponível em: <http://www.businesswire.com/news/home/20160211005408/en/JetBlue-Launches-JetBlue-Technology-Ventures-Silicon-Valley>. Acesso em: 18 jul. 2016.

39. Disponível em: <http://www.dodgersaccelerator.com>. Acesso em: 18 jul. 2016.

40. Disponível em: <http://www.computerworld.com/article/3017985/car-tech/detroit-is-moving-to-silicon-valley.html>. Acesso em: 18 jul. 2016.

41. Disponível em: <http://news.3m.com/press-release/company/3m-celebrates-innovation-milestone-receives-100000th-patent>. Acesso em: 19 jul. 2016.

42. RIES, Eric. *A startup enxuta*. São Paulo: Leya, 2012.

43. Disponível em: <http://salon.thefamily.co/what-makes-an-entrepreneurial-ecosystem-815f4e049804>. Acesso em: 19 jul. 2016.

44. Disponível em: <http://www.weforum.org/agenda/2016/01/the-fourth-industrial-revolution-what-it-means-and-how-to-respond>. Acesso em: 19 jul. 2016.

45. Disponível em: <http://en.wikipedia.org/wiki/Jeans>. Acesso em: 19 jul. 2016.

46. Disponível em: <http://en.wikipedia.org/wiki/University_of_California,_Berkeley>. Acesso em: 19 jul. 2016.

47. Disponível em: <http://www.berkeley.edu/about/history-discoveries>. Acesso em: 19 jul. 2016.

48. Disponívelem:<http://www.csmonitor.com/World/Europe/2013/0426/Greece-starts-firing-civil-servants-for-first-time-in-a-century>. Acesso em: 19 jul. 2016.

49. Disponível em: <http://www.techrepublic.com/article/how-bucks-of-woodside-became-the-cheers-of-silicon-valley>. Acesso em: 19 jul. 2016.

50. Disponível em: <http://www8.hp.com/us/en/hp-information/about-hp/history/hp-garage/hp-garage.html>. Acesso em: 19 jul. 2016.

51. Disponível em: <http://www.smecc.org/hewlett-packard,_the_early_years.htm>. Acesso em: 19 jul. 2016.

52. Disponível em: <http://en.wikipedia.org/wiki/Facebook>. Acesso em: 19 jul. 2016.

53. Disponível em: <http://www.thecrimson.com/article/2003/11/19/face mash-creator-survives-ad-board-the>. Acesso em: 19 jul. 2016.

54. Disponível em: <http://domain.me/how-thefacebook-com-became-facebook-com>. Acesso em: 19 jul. 2016.

55. Disponível em: <http://www.forbes.com/2008/04/08/billionaires-zuckerberg-burkle-biz-billies-cx_af_0408billiebachelors.html>. Acesso em: 19 jul. 2016.

56. Disponível em: <http://www.forbes.com/powerful-brands/list>. Acesso em: 20 jul. 2016.

57. Disponível em: <http://money.cnn.com/2016/04/27/technology/face book-earnings>. Acesso em: 20 jul. 2016.

58. Disponívelem:<https://www.flickr.com/photos/jackdorsey/182613360>. Acesso em: 1º ago. 2016.

59. Disponível em: <http://en.wikipedia.org/wiki/Abraham_Wald>. Acesso em: 20 jul. 2016.

60. Disponível em: <http://www.sfdeltas.com>. Acesso em: 20 jul. 2016.

61. Disponível em: <http://hyperlooptech.com>. Acesso em: 20 jul. 2016.

62. Disponível em: <http://www.spacex.com>. Acesso em: 20 jul. 2016.

63. Disponível em: <http://www.washingtonpost.com/news/innovations/wp/2015/07/02/the-7-greatest-pivots-in-tech-history>. Acesso em: 20 jul. 2016.

64. Disponível em: <http://www.youtube.com/watch?v=jNQXAC9IVRw>. Acesso em: 20 jul. 2016.

65. Disponível em: <http://techcrunch.com/gallery/five-super-successful-tech-pivots/slide/2>. Acesso em: 20 jul. 2016.

66. Disponível em: <http://techcrunch.com/2011/10/19/dropbox-minimal-viable-product>. Acesso em: 20 jul. 2016.

67. Disponível em: <http://www.somethingventuredthemovie.com>. Acesso em: 20 jul. 2016.

68. Disponível em: <http://hbr.org/2013/07/think-carefully-about-where-yo>. Acesso em: 21 jul. 2016.

69. Disponível em: <http://www.youtube.com/watch?v=7bzWnaH-0sg>. Acesso em: 21 jul. 2016.

70. Disponível em: <http://www.ign.com/articles/2014/03/20/ign-presents-the-history-of-atari>. Acesso em: 21 jul. 2016.

71. Disponível em: <http://www.netflix.com/title/80042198>. Acesso em: 21 jul. 2016.

72. Disponível em: <http://www.forbes.com/sites/ryanmac/2013/03/04/the-mad-billionaire-behind-gopro-the-worlds-hottest-camera-company>. Acesso em: 21 jul. 2016.

73. Disponível em: <http://upstart.bizjournals.com/entrepreneurs/hot-shots/2014/02/07/nick-woodmans-gopro-files-for-ipo.html?page=all>. Acesso em: 21 jul. 2016.

74. Disponível em: <http://www.businessinsider.com/uber-ceo-travis-kalanicks-success-story-2014-9>. Acesso em: 22 jul. 2016.

75. Disponível em: <http://www.businessinsider.com/history-of-uber-and-its-rise-to-become-the-most-valuable-startup-in-the-world-2015-9>. Acesso em: 22 jul. 2016.

76. Disponível em: <http://www.teslamotors.com/blog/most-peculiar-test-drive>. Acesso em: 22 jul. 2016.

77. Disponível em: <http://www.businessinsider.com/tesla-the-origin-story-2014-10>. Acesso em: 22 jul. 2016.

78. Disponível em: <http://www.teslamotors.com/blog/tesla-approach-distributing-and-servicing-cars>. Acesso em: 22 jul. 2016.

79. Disponível em: <http://www.teslamotors.com/support/how-ordering-works>. Acesso em: 22 jul. 2016.

80. Disponível em: <http://money.cnn.com/2016/04/07/autos/tesla-model-3-orders>. Acesso em: 22 jul. 2016.

81. Disponível em: <http://www.odometer.com/rides/19433/14-facts-you-didnt-know-about-tesla-motors#page=3>. Acesso em: 22 jul. 2016.

82. Disponível em: <http://www.virgin.com/richard-branson/my-top-tip-for-a-great-speech>. Acesso em: 23 jul. 2016.

83. Disponível em: <http://www.physics.ohio-state.edu/~wilkins/group/powerpt.html>. Acesso em: 23 jul. 2016.

84. Disponível em: <http://archive.computerhistory.org/resources/access/text/2012/06/102745695-01-acc.pdf>. Acesso em: 23 jul. 2016.

85. Disponível em: <http://archive.computerhistory.org/resources/acoss/text/2012/06/102745695-01-acc.pdf>. Acesso em: 1º ago. 2016.

86. Disponível em: <http://www.wsj.com/articles/SB107523879334513159>. Acesso em: 23 jul. 2016.

87. Disponível em: <http://www.exits.com/>. Acesso em: 23 jul. 2016.

88. Disponível em: <http://singularityu.org>. Acesso em: 23 jul. 2016.

89. Disponível em: <http://dfj.com/content/timothy-draper>. Acesso em: 23 jul. 2016.

90. Disponível em: <http://en.wikipedia.org/wiki/Stanford_University>. Acesso em: 23 jul. 2016.

91. Disponível em: <http://en.wikipedia.org/wiki/University_of_California,_Berkeley>. Acesso em: 24 jul. 2016.

92. Disponível em: <http://www.forbes.com/sites/liyanchen/2014/07/30/startup-schools-americas-most-entrepreneurial-universities>. Acesso em: 24 jul. 2016.

Este livro foi impresso pela
Gráfica Assahi em papel pólen bold ld 70g
em novembro de 2020.